ひと人をあるく

親鸞と東国

今井雅晴

JN265368

吉川弘文館

『親鸞と東国』◆目次

親鸞と善鸞―新しい見方―

親鸞像
石岡市・大覚寺

親鸞は鎌倉時代の念仏僧である。彼は、悪人正機説―阿弥陀仏がほんとうの救いの対象としているのは、善人ではなく悪人であるとする考え―を説いた、として知られている。親鸞を開祖とする宗派はいくつもあるけれども、全体として浄土真宗と通称されている。傘下の寺院数は二万カ寺を超え、門信徒（門徒または同行と呼ばれる）の人数は日本の仏教宗派の中でももっとも多いといわれている。浄土真宗は、現代に至るまで、社会的に大きな影響を与え続けてきたのである。

その親鸞と東国との関係は非常に深いものがあった。四十二歳で東国に来た親鸞は、六十歳のころまでそこに住み、念仏の布教に努め、五十二歳の時には主著『教行信《きょうぎょうしん》証《しょう》』を書き上げた。また親鸞の教えを聞いて門弟の唯円《ゆいえん》がまとめたという『歎異《たんに》抄《しょう》』も、東国で書かれたものである。東国というのは時代によってその範囲が異なるが、親鸞のころはほぼ関東地方から北の地域を指していた。

京都へ帰ってからも、主に手紙で東国の門弟の指導に当たった。ところが八十歳を過ぎてから、門弟の間に念仏の問題が起こった。門弟の中で、親鸞の教えとは異なる念仏を説く者が出てきたというのである。まじめな門弟は悩み、それを鎮めてほしいと親鸞に頼んできた。しかし年配の親鸞は、体力のこともあってもう無理だからと、代理として息子の善鸞《ぜんらん》を派遣した。けれども善鸞は問題を鎮めるどころか、あやしげな教えを説き、門弟たちをいっそう混乱させた。このことを聞いた親鸞はとても悩み、ついに善鸞を義絶（勘当）した、とされている。これは善鸞義絶事件といわれる。以来、数百年以上、善鸞は父親鸞を裏切った親不孝者とされてきたのである。

しかしこの善鸞の問題は、必ずしも事実関係が明確ではない。その理由は、この事件に関する親鸞の自筆の手紙が一通も発見されておらず、また善鸞側の史料は何ひとつ使われていないことにある。善鸞の手紙などまったく発見されていないのである。

親鸞にとって善鸞はほんとうに親不孝な人間だったのか。本書はこの問題についての新しい見方を提言することから始めたい。

善鸞が東国へ送られたことによって、東国を舞台として、善鸞と東国の親鸞門弟そして親鸞の間に大きな問題が起きたことだけは、まず、間違いない。今のところいえるのはそこまでである。それで本書ではこの事件を「善鸞義絶事件」や「善鸞異義事件（善鸞は親鸞とは異なる教義を説いたとする）」と呼ぶのではなく、単純に「善鸞事件」と呼んでおきたい。

では善鸞事件について、従来はどのように見られてきたか。あらためて「その内容を語るとされてきた親鸞の手紙」を軸に振り返ってみよう。まず、いわゆる善鸞義絶状である。この手紙には、建長八年（一二五六）五月二十九日に書かれ、善鸞は同年六月二十七日に受け取った、とその手紙に記されている。親鸞は八十四歳、善鸞は五十四歳ころである。

この手紙には、次のような内容が書かれている。善鸞は親鸞が聞いたこともないような教えを常陸・下野の人々に説いていること。その教えは、親鸞が大切にしている「阿弥陀仏の第十八願（念仏を称えれば必ず阿弥陀仏が救ってくださる）は萎《しぼ》んだ花だ、役に立たないから捨てなさい」などというもので、これは夜中に親鸞が善鸞だけに伝えたと善鸞が説明している。それを聞いた人たちは、「親鸞は自分たちに嘘をついていたのか、誤った教えを説いていたのか」と疑心暗鬼になっているそうだ。

また善鸞は、「親鸞は、ままははのあま（継母の尼。恵信尼のこと）に騙《だま》されている」などとも嘘《うそ》をいいふらしている。

善鸞は、まさに正しい仏法を誹謗するという重罪を犯しているし、親を陥れるような罪も犯している。まことにあさましいことだ。悲しいことではあるが、善鸞とは親子の縁を切る。この手紙では親鸞はこのように述べている。

また年は記されていないが、親鸞が同じく五月二十九日付で門弟性信《しょうしん》に宛てた手紙には、「善鸞の活動によって常陸・下野の人々が迷惑を蒙っていることは、かえすがえすも残念なことだ。善鸞は、私親鸞がいままで嘘をついていたように説いている。けしからん。もう善鸞とは親子の縁を切った。この手紙を皆さんに見せて、それを知らせてください。善鸞はもう相手にしないでください」とある。性信は親鸞がもっとも信頼する門弟の一人であり、この手紙は義絶通告状と呼ばれてきた。

さらにまた、善鸞がいかに東国の門徒たちを惑わしたかという史料として使われてきたのが、親鸞の善鸞宛て十一月九日付（年未詳）の手紙である。そこには、常陸の大部郷《おおぶのごう》に住む中太郎入道の門弟たちに関わることとして、次のような内容が記されている。

善鸞が京都から下ってきて、「皆さんがいままで称えていた念仏は無益だ。私が父の親鸞から聞いた教えこそ正しいのだ」と説いたので、中太郎の門弟たち九十何人もが中太郎を捨て、善鸞のもとに移ってしまったそうだ。どうしてそうなってしまったのか。結局のところ、その門弟たちの信心もしっかりしていなかったからだ、と伝え聞いた。まったくあわれなことだ。手紙にはそのように書かれている。

さて、すべての人を救う阿弥陀仏を信奉していた親鸞が義絶したなら、善鸞は地獄に堕ちるのか。むろん、そんな力は親鸞にはない。それならその義絶はどのような意味を持つのか。結局のところ、善鸞は悪い親不孝者、それに比べればこの私はまだましだという後の人々の自己満足の材料として使われていただけではないのか。さらに、晩年の親鸞はほんとうに気の毒だったと同情していると見せかけて、実は自分を満足させていたのではないか。

しかし、繰り返していえば、ほんとうに善鸞は悪い人間だったのか。その説の問題点をあげてみよう。

まず、いわゆる義絶状は親鸞の直筆は見つかっておらず、写本で伝えられるだけ、ということがある。その写本は門弟の一人である高田の顕智《けんち》という人物が、嘉元三年（一三〇五）七月二十七日（善鸞事件の四十九年後）に写したという。そのような善鸞の恥になるような手紙を、なぜ四十九年もの後に他人が見ることができたのか。しかもその手紙の前半は主に候文《そうろうぶん》で、後半はそうではないのである。現代風にいえば、前半は「さようでございます」、後半は「そうなんだよ」という文体である。普通、そのような書き方の手紙はあり得ない。その他、偽作が疑われる要素は多い。しかもこの手紙が発見されたのは大正十年（一九二一）になってからである。それまでまったく知られていなかった。

またいわゆる義絶通告状は、室町時代の版本（木版刷りの印刷物）によって初めて世の中に出たものである。親鸞の自筆は発見されていない。

「義絶があったか、なかったか」という歴史的事実を確定するにあたって、親鸞の自筆がなく、善鸞側の史料が皆無であるからには、確定のしようがない。さらに、従来いわれてきたように、善鸞はほんとうに父と異なる教えを説いたのだろうか。

よくよく考えてみよう。善鸞は東国に来るまで、長い間親鸞の教えを受けていたはずである。京都を離れる直前まで。そこで「この男なら大丈夫だ、正しい信仰を持っている、東国の門弟たちの手本になる」と信頼したからこそ、親鸞は善鸞を送ったのである。つまり、東国に来た時、善鸞は親鸞の教えを正しく受け継いでいたのである。

翻って、東国の門弟たちはどうだったか。親鸞が京都に戻って二十年、東国各地の生活や信仰環境の中で「正しい」教えをそのまま守りとおせていたかどうか。信仰は生活のなかで育まれるものであるから、例えば鹿島《かしま》地方なら、その地方の人たちは強力な鹿島の神を拝まなければ生きていけない。そのような状況は各地にあったはずである。いってみれば、東国の門弟たちこそ、親鸞の教えからぶれていた可能性が大きい。それを目の当たりにした善鸞は驚き、憤慨して矯正活動に努めたのであろう。その結果、大部の中太郎入道の門弟たちは善鸞の説得を歓迎し、正しく判断して中太郎入道を捨てて善鸞に走ったのである。彼らの信心がしっかりしていなかったのではなく、逆にしっかりしていたからこそ正しく判断することができたのである。中太郎に関する話は、善鸞が悪い人間であることを示すのではなく、逆に正しかったことを示す史料として読むことができるのである。

それにしても善鸞が東国へ下った結果、門徒間の問題はさらに大きくなってしまった。さまざまな環境の中で苦労して親鸞の教えを育んできた門弟たちは、いきなり外からやってきた善鸞に、おそらくは名指しで非難されたのであろう。その結果、門弟たちが親鸞に手紙で訴えるということになり、親鸞もどのように解決させたらよいのか悩んだことは十分に想像される。

ところで親鸞自筆の著作などは、八十三歳から八十五歳までの三年間に、その六十二パーセントが書かれている。その前後の二年間を加えた八十二歳から八十六歳までの五年間では、なんと八十一パーセントである（大谷大学編『真宗年表』を参考にして数えた）。この時期、このように多くの執筆がなされたのは善鸞事件があったからだということは、善鸞義絶を肯定する研究者と否定する研究者双方でほぼ一致した見方である。親鸞は親しかるべき息子さえ正しく導けなかったことに悩み、自分の一生の信仰生活を振り返ってみた。その際、かつて自分が執筆した著書をもう一度写し直し、あるいは思うところを書き下ろした。このようにして信仰を確認したのである。そして間違っていなかったという結論に達したのであろう。

しかしながら、善鸞の存在があったからこそ現在に至るまで、また将来にわたって、後世の人間は多くの親鸞自筆本を受け取ることができるのである。義絶があったかどうかという決着のつかない問題を超えて、善鸞はありがたい貴重な存在であったとして見直すべきではないか。それは善鸞がどのような人間であったかという問題を超えている。現代では人間は大切にすべきである、特に子どもは大切・家族は大切とされているではないか。ひとり浄土真宗史にあって、善鸞を悪い人間・親不孝者として切り捨てる見方については、視点を改めるべきである。

茨城県（常陸国）から福島県（陸奥国）にかけての地方では、善鸞はずっと影響力を持ってきていた。東京都大田区萩中には善鸞を開基（浄土真宗で実際に寺を開いたとされる僧侶のこと）とする善永寺があり、福島県白河大工町の常瑞寺と茨城県東茨城郡大洗町の願入寺は善鸞の由緒も伝えている。そして福島県西白河郡泉崎村と神奈川県厚木市には善鸞の墓所も存在している。また現代の真宗十派の中の出雲路派と山元派とは、善鸞を親鸞に続く第二世としている。

東国があり、そこに善鸞が派遣されたからこそ、親鸞の思想を詳しく解明できるのである。その善鸞をしのぶよすがが東国の風土の中に多く残っているということである。

善鸞墓所
神奈川県厚木市・弘徳寺

善鸞墓所
福島県西白河郡泉崎村

I

親鸞の履歴書

親鸞の略歴

承安３年（1173）　誕生
養和元年（1181）　出家
建仁元年（1201）　法然に入門。恵信尼と出会う
承元元年（1207）　越後に配流
建保２年（1214）　東国に移住
弘長２年（1262）　入滅

一　苦悩の青年時代

誕生と出自　親鸞は承安三年（一一七三）に誕生した。父は皇太后宮権大進《こうたいごうぐうのごんのだいしん》*であった日野有範《ひのありのり》である。祖父は阿波権守《あわごんのかみ》などの経歴のある経尹《つねまさ》である。その先祖は、大化改新で活躍した藤原鎌足《かまたり》であるとされる。日野氏は、その藤原氏の分家である。親鸞までの系譜について、『親鸞伝絵《しんらんでんね》』*では、親鸞は藤原鎌足の子孫であると説明してある。

親鸞についての最古の筆写された系図は、真宗高田派本山専修寺《せんじゅじ》（三重県津市一身田）が所蔵する「日野系図」である。南北朝時代の十四世紀に筆写されたと推定されている。またその次に古い系図は、戦国時代の十六世紀に本願寺の実悟《じつご》（蓮如の第十男）がまとめた「日野一流系図」である。いずれの系図にも親鸞は藤原氏の子孫で、その分家の日野氏の一員であると記されている。

親鸞が藤原氏の子孫で日野氏の一員であるといえば、朝廷の中で重んじられていたように感じがちであるが、残念ながらそのようなことはなかった。藤原氏の子孫はとても大勢いるし、日野氏も同様、しかも親鸞の父有範の職である皇太后宮大進は、名称こそ重々しいが、官位でいえば従六位上《じゅろくいのじょう》という低い位の者が就く職にし

＊皇太后宮権大進　皇太后家を管理運営する職の第三等官。

＊『親鸞伝絵』　親鸞の曾孫の覚如が永仁元年（一二九三）に制作したもので、親鸞に関するもっとも古い伝記。

か過ぎなかった。

日野氏は基本的には中級貴族であるが、有範の曾祖父有信《ありのぶ》からその分家となり、有範はさらに三男であったから、貴族としての立場は下級でしかなかった。

平安時代後半以降、朝廷で大きな権力を握れるのは摂関家（摂政や関白になる資格がある藤原氏の本家）および一部の人々に固定されてしまった。他方では大きな戦争のない平和な社会を背景にして、貴族の人数は増え続けた。官職の数は決まっているし、官位も朝廷としては無制限に与えることはできない。貴族の俸給は、基本的には官職ではなく官位に対して与えられる。官位をどんどん与えていては全体の俸給が過大となり、朝廷の財政が破たんする。こうして、不運な、貧しい貴族が限りなく増えていくことになったのである。

そこで中下級貴族たちは、上級貴族に仕えてその家司《けいし》＊となり、少しでも高い官位とよい官職を与えてもらおうとした。また、他の家に負けない特色を作り、朝廷の中での存在感を示そうとしたのである。日野家の場合、それが和歌と儒学であった。特に儒学は日野家の学問、つまりは家学とされるにいたった。

日野家の男子は、文章博士《もんじょうはかせ》＊に任命されることをめざして必死に勉強した。文章博士は従五位下相当の官職であり、俸給もそれなりに与えられたから、生活も安定した境遇となるのである。しかし文章博士の定員はわずか二名、それを同じく儒学《じゅがく》を家学とする菅原《すがわら》氏・大江《おおえ》氏・藤原南家《なんけ》・式家《しきけ》と合わせて五家で争った。それぞれ

＊家司　上級貴族の家政を担当する職。

＊文章博士　朝廷の教育機関である大学寮で、紀伝道《きでんどう》（中国の史学・文学）を教える教官。

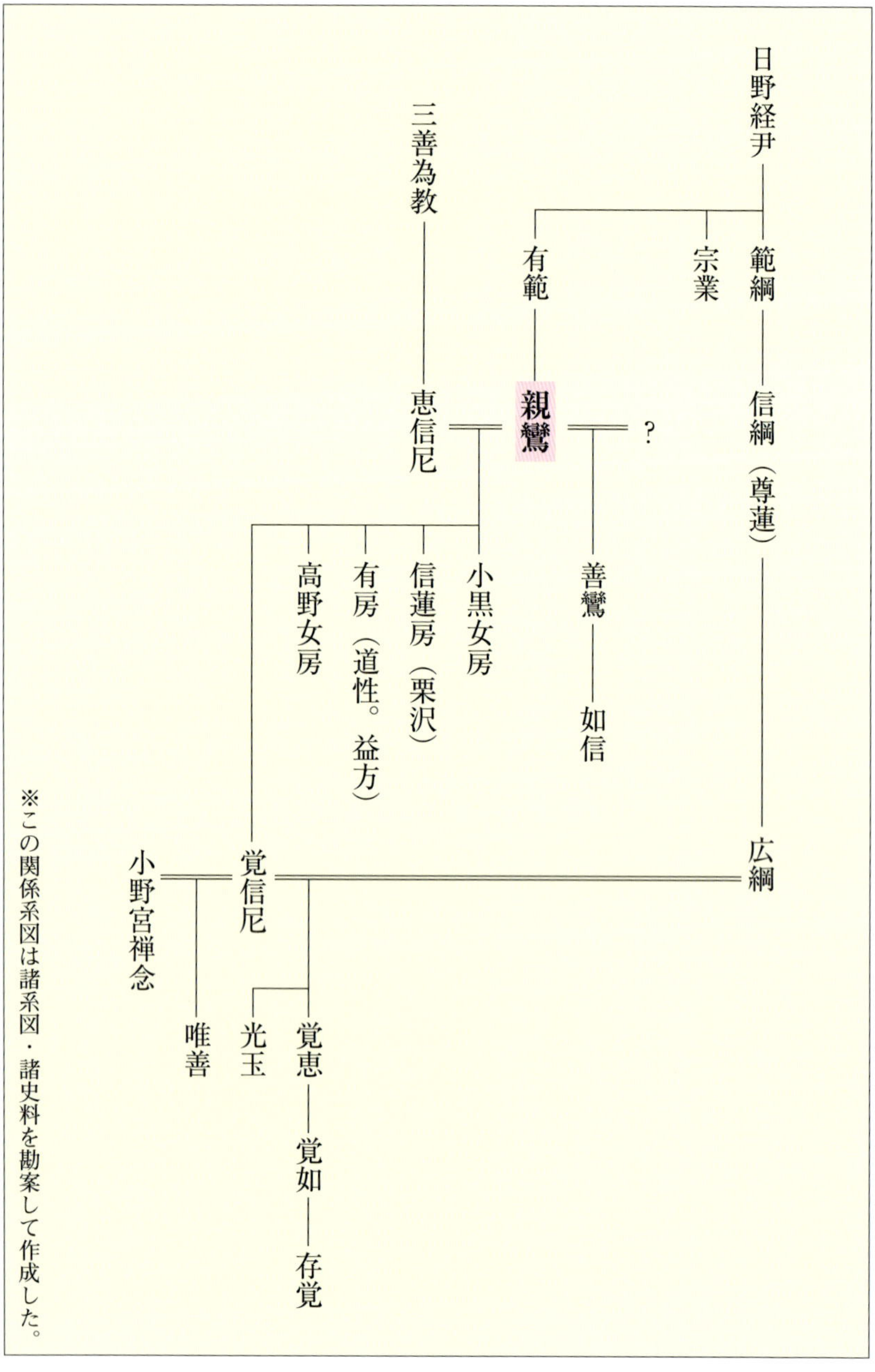
日野経尹
範綱
宗業
有範
三善為教
信綱（尊蓮）
親鸞
?
恵信尼
善鸞
如信
小黒女房
信蓮房（栗沢）
有房（道性。益方）
高野女房
広綱
覚信尼
小野宮禅念
覚恵
光玉
唯善
覚如
存覚
※この関係系図は諸系図・諸史料を勘案して作成した。

親鸞関係系図

の家の中でも熾烈な争いがあるし、なかなか大変なものだった。

また朝廷では伝統が重んじられたので、父親が活躍した家の息子たちには栄達が期待できる。反対に、父親が朝廷内で評価されていなければ不遇の人生に甘んじなければならなくなる。それを乗り越えるのは困難をきわめた。実は親鸞の祖父経尹が該当する人だったのである。

古代中世の系図を調べる場合、もっとも参考にすべき系図集に『尊卑分脈《そんぴぶんみゃく》』*がある。経尹の項には「放埒《ほうらつ》の人である」という注が付けられている。「放埒」というのは、身持ちの悪いこと・気ままなことという意味である。経尹は当時の貴族の常識から外れた行動ないし考えを持っていたということが考えられる。経尹は一族にとって非常に迷惑な人間で放氏*されても仕方がないほどだったようである。そのような人物の場合、必ず子や孫の出世が妨げられるのが、貴族社会であった。

以上を総合してみると、親鸞には皇太后宮大進の父有範、その二人の兄の範綱と宗業があったことがわかる。しかし祖父の経尹の性格・行状によってその三兄弟の朝廷での苦労は並大抵ではなかったと想定される。

このような家族に生まれた親鸞は、貴族の慣例に従って六歳の時から儒学の道を学ぶことになったであろう。伯父範綱《のりつな》も努力の人であったけれども、もう一人の伯父宗業《むねなり》の勉学に励む姿はすさまじいものがあった。関白九条兼実《くじょうかねざね》をして「このように努力し、よく学問のできる者は見たことがない」といわしめているほどである

---

* 『尊卑分脈』　南北朝時代の洞院公定《とういんきんさだ》が編纂し、その後室町時代を通じて洞院家の人々によって増補・改訂が行われた。

* 放氏　一族から追放されること。経尹の場合は藤原氏から。

（『玉葉』＝九条兼実の日記）。親鸞がその雰囲気の中で勉学に励んだ結果が、後の『教行信証』執筆に結びついている。漢文で書かれている『教行信証』の点の打ち方*には、日野家流の特色*がみられるという。かつて、親鸞は日野家の出身ではないのではないか、という説が強まったことがある。しかし史料を検討する限り、日野家の出身としてまず間違いないだろうし、漢文の点の打ち方から見ても、それが再確認される。

ただ従来、親鸞は日野の里（京都市伏見区日野）で生まれ育ったとされてきたけれども、再検討する余地がある。当時の結婚形態は夫の通い婚（招婿婚ともいう）が一般的である。夕方、夫が妻の家を訪ね、朝には自宅に帰る。その結婚生活の中では、夫は妻とその家族に衣食住の面倒をみてもらうし、生まれた子どもは妻の家族が育てる。夫はやがては同居するにしても、親鸞は有範の長男であるし、妻方の家で生まれ、育てられた可能性が高い。

それに朝廷の仕事は夜明けとともに始まる。中下級の貴族たちは、皇居の周囲に住んで朝廷に通っていた。日野の里は、皇居から十数キロあるし、ほとんど休日のないそのころの勤務形態からいって、勤務場所への往復はとても不便である。それに、だいたい日野の里は日野一族の住居地帯ではなく別荘地帯で、法界寺その他の日野氏の寺院があった。

右のことから考えると、日野有範は皇居にほど近い所に住む女性の家に通い、親

---

* **点の打ち方**　「点」は漢文を読みやすくするため、本文の脇につける記号。一、二点や返り点その他がある。「点」を記入することを「点を打つ」という。

* **特色**　赤尾栄慶「カタチから見た『教行信証』」『親鸞の水脈』第十一号、二〇一二年。宇都宮啓吾「訓点から見た坂東本『教行信証』の一側面」『親鸞の水脈』第十三号、二〇一三年

鸞はそこで生まれたとするべきではないか。しかし有範の妻、つまりは親鸞の母なる女性についてはよく分かっていない。室町時代になってからの史料に、その名は貴光（吉光ともいい、貴光女、吉光女と記すことが多い）であった、親鸞が九歳の出家の前に亡くなった、とあるのみである。

さらに親鸞の母は清和源氏《せいわげんじ》の源義親《みなもとのよしちか》の孫であったという説もある。近年では源頼朝の近い親族であったという説も称えられているが、いずれも確証はない。

やがて日野有範と親鸞をはじめとするその息子（親鸞、尋有、兼有、有意、行兼）たちは、すべて出家することになった。その原因は、日野家の立場の弱い三男である有範が、自分の家族のために必死に考え、おりからの政治的な騒乱に加担し、それが失敗して出家に追い込まれたのではないかという説がある。それはかなり可能性が高いと思われる。

親鸞は治承《じしょう》五年（一一八一）に九歳で出家している。その前の年五月には平清盛打倒を旗印とする以仁王《もちひとおう》の乱が起こり、首謀者だった以仁王と源頼政《よりまさ》は敗死している。その以仁王の首実検に伯父の宗業が呼ばれている。宗業は以仁王の学問の師だったことがあるからである。宗業はその後失脚することなく、むしろ栄転していくから、仮りに以仁王から挙兵参加の誘いがあったとしても断ったのであろう。そして有範は決心して誘いに乗り、その決心は結果的に家の破滅を招いたということである。

親鸞の母、つまり有範の妻が源氏の出身だという説は、有範が源頼政に加担したというところから後世に出た説のように見える。しかし、中世の源氏と平家はお互いに対立的な意識で生活していたわけではない。たとえば、源頼政は二十年以上にわたって平清盛に引き立ててもらってきたし、鎌倉に幕府を開いた源頼朝のもとに集まった武士たちは、平家を名のる人たちが非常に多かった。清盛の弟頼盛は、平家が源義経らに追われて京都から西国に逃げた時、一家をあげて鎌倉に向かって頼朝に保護されている。平家が壇ノ浦で滅びたのち頼盛一家は京都に戻って、一家は大いに栄えた。

妻北条政子とその父時政だって、清盛と同じ桓武平氏*を名のっていたのである。

比叡山での修行と悩み

親鸞は治承五年（一一八一）春に出家して範宴《はんねん》少納言公《しょうなごんのきみ》と名のり、比叡山延暦寺での修行生活に入った。範宴というのは法名で、一般的にいえば実名《じつみょう》*にあたる。少納言公とは公名《きみな》である。公名とは寺院での通称のことである。親鸞は「少納言公どの」などと呼ばれた。

親鸞の出家について、『親鸞伝絵』では、親鸞は伯父の日野範綱《のりつな》に付き添われて摂関家の九条兼実の弟である慈円《じえん》のもとへ行き、慈円を戒師《かいし》（出家させる役）として出家したと記されている。兼実は後に摂政から関白に昇ったが、この時はまだ右大臣であった。しかも、平清盛に疎んじられて就任後一六年間も右大臣のままで据え置かれていた。兼実は成り上がりの清盛が好きではなかったが、そうもいかず、前

---

* **桓武平氏**　桓武天皇の子孫で平を名のる人たち。関東にも多く住み、彼らは坂東八平氏と通称されていた。

* **実名**　他人が口にしてはいけない（忌《い》む）ので、「いみな」と呼ばれた。

年の治承四年六月には息子良通《よしみち》の妻に清盛の孫娘（藤原兼雅の娘）を迎えて接近を図っている。

慈円は兼実の同母の弟であり、二人は親しかった。その慈円が、藤原一族であっても日野家の末流、従六位上相当の官職にしかいなかった者、処分を逃れて出家した者、の息子の戒師など引き受けるであろうか。しかもその処分は平清盛に刃向ったからのようである。政治勢力の発展を求めて清盛に接近中の兼実の弟慈円が戒師を承諾するとは考えられない。大きな疑問符が付く。

親鸞の出家
（『親鸞伝絵』茨城県下妻市・光明寺）

有範自身は出家後、三室戸《みむろど》の山中（京都府宇治市菟道滋賀谷）に萱房《かやぼう》と呼ぶ草庵を建てて隠棲し、三室戸大進入道と称していた。日野の里から二キロほど南方である。彼はそれから二十年あまり、親鸞が三十代前半までは存命していた。その遺跡は親鸞の次弟で聖護《しょうご》院《いん》に入っていた兼有《けんう》が受け継いだ。彼は萱房律師《りっし》と称した。

現在、三室戸に建っている三室戸寺（本山修験宗）本堂の東にある阿弥陀堂《あみだどう》が、有範の墓と伝えられる。三室戸寺の寺伝では、親鸞の娘の覚信尼《かくしんに》が有範の墓の上に阿弥陀堂*を建て、その菩提を弔ったという。

さて出家した親鸞は、その後二十年にわたって比叡山で天台宗の修行をした。天台宗は奈良時代初めの最澄が中国からもたらしたものであり、釈迦が説いたとする法華経《ほっけきょう》を頂点とした経典群を読み解き、その智慧を身につけ、悟りに至ることを目的とする宗派*である。ただし、平安時代の途中から同じく中国から真言宗の空海がもたらした密教*も大幅に取り入れていた。これは大日如来《だいにちにょらい》の教えによって悟りに至ることを目指すものである。経典類も学ぶけれども、直接大日如来と一体となることが最重要とされるため、体を使ってのさまざまな修行が尊重された。

親鸞は諸経典を読破し、体を使っての修行、たとえば千日回峰行《せんにちかいほうぎょう》につながるような、山中をひたすら歩いて石仏を拝むような修行もしたのではないかと推定する説もある。

しかし数え九歳で出家した少年が、最初から実感を込めて悟りをめざしたとは思えない。その出家の理由は、実家の没落である。延暦寺は全国に無数の荘園群を有していたし、特に平安時代後期からは皇族・貴族の寄付も多かった。経済的には裕福であった。その裕福さは比叡山の中の僧侶たちが分け合うものである。親鸞の実家の人たちは、親鸞が比叡山の中で出世してその豊かさの一端を得られることを願うことは十分にあり得たと思われる。

＊ 阿弥陀堂　阿弥陀堂ではなく、法華堂の下に埋葬した例は多い。

＊ 宗派　天台宗のことを天台法華宗と呼ぶこともあった。それ天台宗が法華経をもっとも重視するからである。

＊ 密教　のちに真言宗の密教を東密、天台宗の密教を台密と呼ぶようになった。

親鸞は実家が破滅した家の子である。比叡山には皇族や身分の高い貴族の子弟が後から続々と入ってくる。彼らは次々と有利な立場を獲得した。彼らも悟りを目的として入山したのではなくて、出身の家に関わる利益を得ようとしたに過ぎない者が多かった。

やがて若者である親鸞が悩んだであろう女性の問題。仏教では異性関係を持つことは禁止されている。それを不婬戒《ふいんかい》という。しかし隠れて関係を持つ者は大勢いた。そのことを後白河法皇は「せぬは仏、隠すは上人（仏像は異性関係は持たない。僧侶たちは関係を持っているが、そのことを知らん顔して隠している）」と皮肉っている。

親鸞はまじめな青年であり、異性への感情に苦しんでいたようである。それが事実であったことは、二十九歳の時に京都・六角堂で得た夢告（「行者宿報の偈」。後述）が証明している。さらに年齢は進み、出世や異性関係の煩悩は消せず、悟りは得られる見通しは立たない。さればと願った来世での往生も、なんとも保証できかねる。

もともと比叡山では、いったん山に入ったら三十年は下りずに修行するのが定めであった（最澄『山家学生式』）。ただこのころは二十年になっていたようである。そして親鸞が比叡山で得た職は、「堂僧」であった。妻の恵信尼が、後年に娘の覚信尼に送った手紙*に、「あなたのお父さん（親鸞）は比叡山延暦寺で堂僧を務めておられたのですが、比叡山を出て京都・六角堂に百日お籠りをされて、次の世で極楽浄土へ行けますようにと祈られたところ」とある。

＊ 手紙　恵信尼文書。十通ある。修行時代から東国布教時代の親鸞の様子を知ることの出来る貴重な史料。西本願寺所蔵。

「堂僧」というのは、おそらく、念仏を称える修行をする常行三昧堂《じょうごうざんまいどう》*につめる僧侶である。大切な法要の時などには、経典などを読誦《どくじゅ》することはできず、ただ背後にいて念仏を称えるだけの僧侶である。

延暦寺に限らず、大きな寺院ではどこでも寺の構成員は二つに分かれていた。それは、修行し学問をすることもできる僧侶と、修行・学問をすることができず、修行僧の生活の面倒をみる僧侶である。前者を、延暦寺では学生《がくしょう》、後者を大衆《だいしゅ》と称した。

学生は出身の身分やその他の条件で僧位や僧官を得ることができる。職も得られる。そして堂僧はおそらく最下層の職である。親鸞が僧位・僧官を得た気配もない。親鸞の弟たちは僧位・僧官を得ている。親鸞も比叡山でずっと生活していれば、それらを得た可能性もある。

比叡山での出世もできず悟りも極楽往生の見込みもなく、親鸞は悩み、ついに比叡山を下りて六角堂に参籠する道を選んだのである。そこで次に述べるように、本尊観音菩薩《かんのんぼさつ》の夢告を得て来世に希望が見え、また結婚にも踏み切ることができた。さらには一生の師となる法然の門に入ることができたのである。

ただ親鸞にとって比叡山二十年間の修行はよくなかった、無駄であったかというと、そうではないであろう。天台宗の修行がよくなかったのではなくて、親鸞にとってはその成果が上がらなかったということである。しかしその二十年間の苦労が

* 常行三昧堂　念仏を称えつつ、本尊の阿弥陀仏を最長で九十日間巡る行をする建物。

あったからこそ、山を下りてからの次の飛躍があったとみるべきである。

六角堂の観音菩薩の導き

建仁元年（一二〇一）春、親鸞は百日の予定で京都・六角堂に参籠し、来世に極楽往生できるように祈った。六角堂*はずっと現在の京都市中京区にあった。本尊は救世《ぐぜ》観世音菩薩である。当時は、極楽往生を願うなら、観音菩薩にお願いするのがよい（観音菩薩が阿弥陀仏にお願いして下さるから）、という信仰が広まっていた。

そのころの流行歌である今様《いまよう》を集めた『梁塵《りょうじん》秘抄《ひしょう》』*に、

六角堂外観
京都市中京区

六角堂の観音菩薩（境内）

＊ 六角堂　寺院名は頂法寺。華道の池坊流の家元は、代々、頂法寺の住職である。

＊ 『梁塵秘抄』　今様が大好きであった後白河法皇が、今様の師匠であった遊女から聞き集めた歌謡集。

観音験《しるし》を見する寺　清水《きよみず》・石山、長谷のお山
　粉河・近江なる彦根山　ま近く見ゆるは六角堂

「観音菩薩の中でも、特にありがたい効果を現して下さるのは、清水寺・石山寺・長谷寺・粉河寺・彦根山、そして都の近くならば六角堂です」とある。

　親鸞が六角堂へ参籠して観音菩薩の教えを受けようとしたのは偶然ではない。極楽往生を祈るのだったら六角堂へ、というのが京都付近の人たちの考えだった。六角堂は極楽浄土へ往生したい時にはぜひお参りしようということで人気がある寺院だったのである。

　こうして親鸞は六角堂に参籠することになった。ただ、六角堂に籠りっぱなしではなくて、比叡山の上から毎日通ったであろうという見方もある。比叡山の頂上から六角堂までは十数キロなので往復三十キロ、比叡山の東のふもとの修学院離宮《しゅがくいんりきゅう》と曼殊院《まんしゅいん》の間を登り口とする雲母坂《きららざか》*を使えば、険しい登り下りとはいえ、通えないことはない。昼間は比叡山で法務に励み、夕方山を下って参籠し、翌朝には帰る、という毎日であったということになる。そのことに関わる伝承も、比叡山の上下に残っている。

　しかし親鸞はそれこそ後生の一大事について、必死の思いで参籠を決心したのである。比叡山で法務を行いながらの片手間の参籠ではあまり意味がない。いつ来るか分からない観音菩薩のお告げをいただくため、ずっと六角堂に籠っていたとみる

＊ 雲母坂　京都から比叡山延暦寺、それを越えての近江国への正式の通路でもあった。

べきであろう。恵信尼書状（第三通）にも、この時親鸞は「比叡山を出て」とある。籍はまだ置いていたにしても、比叡山延暦寺を「出た」のであるから修行を続けたり、法務に励むことはやめて六角堂に籠ったと推定される。

すると、恵信尼書状（第三通）によれば、「六角堂に籠って来世に極楽へ往生したいとしきりに祈ったところ、九十五日の暁《あかつき》に、親鸞が聖徳太子についての偈文を唱え終ったところに、観音菩薩が出現されてお告げを下さった」という。

「暁」とは東の空が明るむころではなくて、まだ真っ暗な時間帯で、中国風の時刻の表現では寅《とら》の刻《こく》*である。空が明るむのは「曙《あけぼの》」であって、現代では暁を混用して使っている。「九十五日の暁」というのは、夜中の零時から一日が始まる現代風にいえば、「九十六日の暁」ということである。

また親鸞が暁に夢告を得たのは偶然ではない。『梁塵秘抄』に、

仏は常にいませども　現ならぬぞあはれなる
人の音せぬ暁に　ほのかに夢に見え給ふ

「仏はいつでもいらっしゃるのだけれども、はっきり見えないことが趣深くまた尊いのです。しかし、まったく現れてくださらないのではなく、人が寝静まっている暁に　そっと夢に現れてくださるのです」とある。つまり、仏・菩薩は暁に出現してくれるものだったのである。「暁」は仏・菩薩それから日本の伝統的な神々とも交感できる神聖な時間帯だった。

＊ 寅の刻　午前四時を挟んだ二時間。ただし、夏は夜が短いので、もっと早い時間帯で、二時間もない。いずれにしても真っ暗な時間帯。

この時に観音菩薩から与えられたお告げは、四句七文字の偈《げ》（仏の徳や仏法を讃えた漢詩）で次のような内容だったと推定されている。

行者宿報設女犯　（そなた親鸞が前世からの因縁で結婚することになるならば）
我成玉女身被犯　（私観音がすばらしい女性となってそなたの妻になりましょう）
一生之間能荘厳　（そなたに一生の間よい生活をさせてあげましょう）
臨終引導生極楽　（臨終の時には手を取って極楽浄土へ導いてあげましょう）

これは「行者宿報の偈」と呼ばれている。

この夢告によって、

① 親鸞には極楽浄土往生の可能性が示された。
② しかも結婚することによって、それは確実になる。
③ 結婚は許されていないはずであるが、親鸞にとっては前世からの約束事なので問題はない。
④ さらにその結婚の相手は観音菩薩である。

ということが示されたのである。

親鸞は六角堂で極楽往生を祈っただけだったのに、「結婚をしてもよい」ということではなく、それ以上に「結婚することこそ極楽への確実な道」であると告げられたのは、いかに親鸞が結婚を求めていたかを示すことにもなっている。

夢告は得たけれど、しかしこれからどのように生きていけばよいか、まだその方法を得たわけではない。親鸞は、その暁、まだ真っ暗いうちに六角堂を飛び出し、やがて東山の法然のもとに至るのである。

ちなみに暁の路上には妻の家から実家に帰る通い婚の夫たちがうろうろしていた。暁とはそのような時間帯でもあった。親鸞はたった一人でまっくらな京都の道を歩いていたのではない。

法然との出会い

法然が東山の吉水《よしみず》に草庵を設けて専修《せんじゅ》念仏*を説き始めたのは、その時から二十年以上も前であった。その場所は京都市東山区の、現在の浄土宗・知恩院の奥の地域で、「法垂窟《ほうたるのいわや》」と呼ばれる洞窟と、時宗・安養寺という二つの候補地がある。きれいな水が湧《わ》き出していたので吉水といったという。法然の存在が有名になったのは、文治二年（一一八六）、天台座《ざ》主《す》（天台宗のトップであり、同時に延暦寺の住職でもある職）の顕真が大原に法然を招いて念仏の重要性を説かせてからである（大原問答という）。以後、法然のもとには多くの人が訪れて教えを乞うようになった。中でも関白であった九条兼実と、その娘の後鳥羽天皇中宮九条任子の名はよく知られている。また法然は臨終直前の後白河法皇にも授戒*をしている。そして法然が兼実の懇請によって『選択本願念仏集《せんじゃくほんがんねんぶつしゅう》』を

法然絵像
（『法然上人絵伝』知恩院）

＊**専修念仏**　ただひたすら南無阿弥陀仏と称えれば阿弥陀仏が救って極楽浄土へ迎え摂ってくださるとする教え。

＊**授戒**　釈迦の門弟になる儀式であるが、その功徳によって治病あるいは極楽往生が期待できるとされていた。

著したのは建久九年（一一九八）であった。

勉強家の親鸞が高名な法然の名と、その説く専修念仏を知らないはずはない。親鸞は比叡山の二十年間で、悟りに至るための自分の能力のなさを思い知っていた。法然は専修念仏を、まさに末法《まっぽう》＊と呼ばれるその時代と、そこに住む能力のない人間にふさわしい教えとして説いているのである。親鸞は比叡山での絶望の末に灯った六角堂参籠での希望の明かりを、法然のもとで確実にしたかったのではないだろうか。

しかし二十年間の修行でしみついた感覚と常識をそう簡単に捨てられるものではない。恵信尼書状（第三通）には、法然のもとに通い始めた時のことを「後世に極楽へ往生できる縁に会いたいと、東山を訪問して、法然上人に会ってもらいました。そして六角堂に百日籠《こも》ったように、また百か日、雨が降っても照って暑い日でも、どんな大風が吹いた日でも、吉水草庵に通っていました」と記している。

専修念仏は、理屈からいえば簡単な話である。念仏さえ称えれば誰でも救われる。他のすべての行は必要ないし、邪魔でさえある、というものである。それなのになぜ親鸞は百日も通ったのか。それは専修念仏を説く法然という人物を深く知ろうとしていたからではないか。人は理屈ではなかなか動くものではない。それを説く人の人間性に感動し、うたれ、この人のいうことなら聞いてみよう、それを信頼してみようということになるのではないか。親鸞は専修念仏のことは十分に知っていた

＊ **末法**　社会は乱れ、釈迦の教えは衰え、悟り得る能力のある人間もいなくなった時代。日本では永承五年（一〇五七）に入ったとされた。

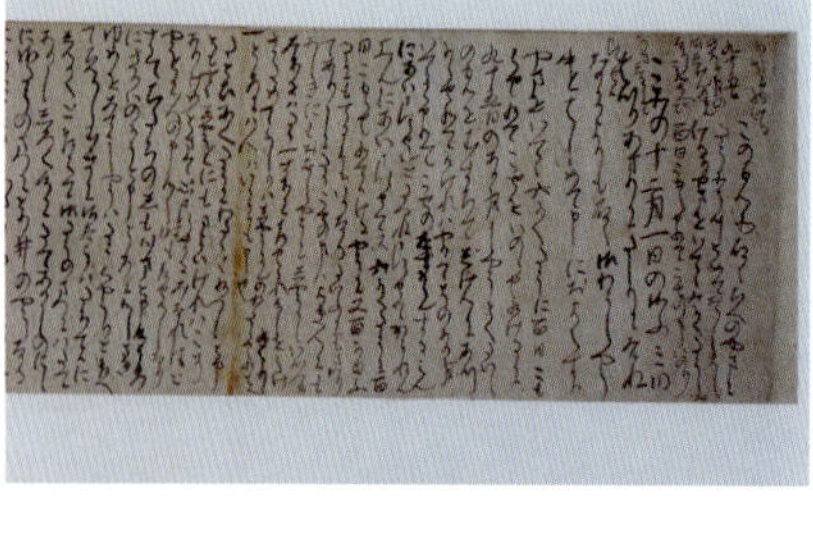

恵信尼文書
西本願寺

であろうと思われるのに、また、一日聞けば分かってしまうであろうと思われるのに、法然のもとに百日も通った理由は以上のところにあると思う。

そして親鸞は、また恵信尼書状（第三通）に、「来世の極楽往生について、善人であっても悪人であっても同じように、迷いの世界を出て極楽へ往ける道を、ひたすら説かれたのに納得して、確かにそうだなと自分の心に思い定めました」とあるように、比叡山二十年の修行と迷いを脱して法然のもとに入門することにしたのである。このことは親鸞自身の著『教行信証』（化身土巻、後序）に、「私は建仁元年（一二〇一）に比叡山での修行を捨てて専修念仏の道に入りました」とあることでも明らかである。

吉水草庵跡

親鸞は二十九歳の時に法然に入門し、三十五歳の時までの六年間、東山の吉水草庵で師匠・先輩・同輩の中で専修念仏を学んだ。そこではさまざまなことがあったに違いないが、『親鸞伝絵』では二つの挿話を特記している。「他力（阿弥陀仏の救いの力）の信心」についての挿話である。

ある時、親鸞は法然に頼んで、門弟たちの考えを試させてもらった。それは門弟たちが集まった時、大きな部屋を「信不退」（極楽往生のためには他力への信心がもっとも大切とする考え）の座と「行不退」（極楽往生のためには念仏を称え続けることがもっとも大切とする考え）の座に分け、その場にいた三百人あまりの門弟にどちらかに座ることを求めた、というものである。

この問いを受けた門弟たちは困ってしまって、どうしたらよいか分からない気配であった。すると親鸞の兄弟子である聖覚[*]と信空[*]は「信不退」の座についた。そこへ遅れてきた法力《ほうりき》[*]は、事情を聞いてすぐ「それなら自分は信不退の座に着きます」と表明した。それ以外の人は何もいえなかった。そこで親鸞は「信不退」の座に着き、少ししてから法然も、「私も信不退の座に入りましょう」と述べた、というのである。

またある時、その信心について親鸞は他の門弟と論争をした。それは、親鸞が「法然の信心と親鸞の信心とは同じ」と述べたところ、そんなはずはないと門弟たちが反論したというものである。それを聞いた法然が、「他力の信心は誰もが阿弥陀仏からいただくのですから、私法然の信心も親鸞の信心もまったく同じです」として、親鸞の考えを支持したという話である。

『親鸞伝絵』は親鸞を法然の正しい後継者として描いてある。そして親鸞の念仏は信心を強調するものであったから、右の二つの挿話が入っているのももっともである。ただ、実際にあった話かどうかについては疑念を持つ向きもある。

法然のように、比叡山で主流を離れて黒谷あたりで隠棲し、念仏のみに生きる僧

＊ **聖覚**　一一六七～一二三五。のちに親鸞が門弟たちに書き与えた『唯信抄』の著者。

＊ **信空**　一一四六～一二二八。安貞元年〈一二二七〉の嘉禄の法難の際に法然の遺骸を二尊院に運んだ人物。

＊ **法力**　?～一二〇八。俗名は熊谷直実。一の谷の戦いで平敦盛を討った逸話は有名。法名は蓮生。

侶は多かった。彼らは房号と法名を持つのが一般であった。たとえば、法然は法然房源空《げんくう》である。法然が房号、源空が法名である。房号は公名と同じく、他人が呼ぶ場合の通称でもある。

法然の門下に入った親鸞にも房号と法名があったはずである。その房号は、善信《ぜんしん》房であった。そして九歳で出家した時には範宴であった法名は綽空《しゃっくう》と変わっていた。「綽空」は元久元年（一二〇四）十一月八日付の法然の「七箇条制誡」に親鸞の署名が「僧綽空」とあること、また『教行信証』後序に、「元久二年（一二〇五）に書写を許された『選択本願念仏集』の中に、法然が「釈綽空」と記入して下さった」とあることで確認できる。

こうして出家の時には範宴少納言公であった親鸞の法名・公名が、法然のもとで善信房綽空という房号・法名に変わった。

吉水草庵時代の親鸞には、特記すべきことがさらに二つある。それは、まず、右のように法然から『選択本願念仏集』の書写を許されたことである。この書物は、ほとんど秘密の書物の扱いで、数人の門弟以外は読んだことがなかった。法然は十三歳の時から三十年間にわたって読破した経典類に関する知識・識見と、戒律を厳しく守る僧として多くの尊敬を集めていた。従来の伝統を尊重する人物として見られていたのである。

しかし『選択本願念仏集』には、発菩提心（悟りを求める心を発すこと）は必要ない、劣行（悟りのためにはほとんど効果がない方法）とされていた称名念仏を唯一の勝行（悟りのための勝れた方法）であるとしている。これらは伝統的仏教の僧侶たちが見たら仰天・憤慨するに違いない内容である。そこで法然は『選択本願念仏集』を秘書としていたのである。

名前が分かっているだけで二百人以上がいる門弟の中で若輩、かつ入門間もない親鸞が書写を許されたということは、法然は親鸞をよほど高く評価していたのである。法然は元久二年（一二〇五）四月十四日、親鸞が書写した『選択本願念仏集』に「選択本願念仏集」「南無阿弥陀仏、往生の業は、念仏を本となす」「釈綽空」という文字を記入してくれた（『教行信証』後序）。また同年七月二十九日には法然の画像に「南無阿弥陀仏」等の銘文も記入してくれたのである。著書と画像を与えるということは、確かにその門弟（この場合は親鸞）が正しく自分の教えを了解したという証しである。

『教行信証』後序には続けて、その画像に法然が綽空から改めた新しい親鸞の名を記入してくれた、とある。その名は何だったのか。『教行信証』にはそれは書かれていない。すでに早く、覚如の『拾遺古徳伝《しゅういことくでん》』*や、覚如の息子存覚の『六要鈔』*等に、それは「善信」であったと記されている。現在でもその影響が強く残るが、「善信」は房号であって、「綽空」に代わる法名にはなり得ない。「夢の告」が何であったか、検討課題は残るが、やはりそれは「親鸞」であったとすべきであろう（平松

*『拾遺古徳伝』　正安三年（一三〇一）成立。法然の伝記。親鸞が法然の正しい後継者であることが説かれている。

*『六要鈔』　延文五年（一三六〇）成立。『教行信証』の注釈書。

令三『親鸞』吉川弘文館、一九九八年）。『教行信証』に「名の字（名前である「親鸞」）」が書かれていないこと自体、親鸞はそれ以降の「親鸞」という名前を当然のこととしていたように思われる。こうして親鸞の房号・法名は善信房親鸞となった。親鸞の法名と公名・房号の変遷は次のようになる。

範宴少納言公（比叡山時代）
　　↓
善信房綽空（法然に入門直後）
　　↓
善信房親鸞（法然のもとで修行中）

吉水草庵時代の親鸞にとって特筆すべきことの最後は、中下級の貴族三善為教《みよしためのり》*の娘恵信尼と結婚したことである。それは法然の法座を媒介にしてのことであったと考えられる。

つい近年まで、恵信尼は越後の豪族三善為教の娘であるという説が有力であった。貴族であるとする主張もあったけれど（赤松俊秀『親鸞』吉川弘文館、一九六一年）、それは少数であった。しかし恵信尼はやはり京都の中下級貴族三善為教の娘であったとすべきである。

以上の生活の中で、親鸞は法然を一生の師として崇敬するようになった。それは、『歎異抄』二に、

＊　三善為教　系図上では父と推定される三善為康は、『拾遺往生伝』や『後拾遺往生伝』等の著書のある非常に熱心な念仏者であった。

たとひ、法然上人にすかされまひらせて、念仏して、地獄におちたりとも、さらに後悔すべからずさふらふ。

「もし法然上人に、念仏を称えれば極楽往生できるからと教えられて、それが嘘であって、念仏を称えたら地獄に堕ちてしまったとしても、私は決して後悔は致しません」とあるほどの強い気持ちとなり、それはその後の人生においても変わらなかったのである。

二 東国移住と教化

越後流罪―俗名藤井善信と愚禿―

法然が『選択本願念仏』を著して六年、親鸞が入門して三年、専修念仏の勢いは京都付近で大きな勢力になっていった。それを無視できなくなった延暦寺の僧たちが元久元年（一二〇四）十月に念仏停止《ちょうじ》を座主に訴え出た。法然は慎重に行動していたけれども、京都の街に出た門弟たちが従来の信仰の悪口を言ったり、彼ら自身の生活が僧侶としての通念から外れたりすることもあり、それらの動きが無視できなくなっていた。社会に混乱を巻き起こしていると捉えられたのである。法然はまだ天台宗の僧侶であると認められていたため、延暦寺の僧侶たちが座主に訴えた。

法然は穏やかな性格でもあり、ただちに七箇条の制誡《せいかい》＊を作り、門弟たち百九十名あまりに署名させた。また法然は真性に起請文を書いて送り、社会を乱さぬことを誓ったので、問題は収まった。

ところが翌年の元久二年（一二〇五）九月、こんどは興福寺の僧侶たちが専修念仏者の過ちとして九点をあげて後鳥羽上皇に念仏禁止を迫った。その内容は、専修念仏の教理上の問題や念仏者が戒律を守らないなどの風紀に及ぶ問題点などである（興福寺奏状。笠置の貞慶が執筆した）。

しかし後鳥羽上皇や摂政の九条良経をはじめとする貴族たちは、法然たちに同情的であった。法然のまじめな信仰態度をよく知っていたし、まして良経は法然を大切にしている兼実の息子であり、兼実もいまだ存命していたのである。さらにいえば、来世の極楽往生を願う多くの貴族たちは、念仏者たちを処罰したら地獄に堕ちるのではないかという恐れも抱いていたからである。

興福寺の訴えはしつこかった。それに興福寺は藤原氏の氏寺である。朝廷としても無視はできない。なかなか決着がつかぬうち、後鳥羽上皇の女官二人と法然の門弟との間にスキャンダルが持ち上がってしまった。建永元年（一二〇六）暮のことである。

法然の門弟の中には、京都の街々で夜を徹して念仏を称える会を開く者も現れて

＊　七箇条の制誡　門弟たちの行動について、七点にわたって注意を促した内容。

七箇条制誡
二尊院

いた。昼間は皆、仕事で忙しい。その上、念仏は夕方から夜に称えるのが適しているという風潮もあった。さらに歌声に近い、きれいで魅力的な声で「ナンマンダブー」「ナモアミダブー」と称えるのを聞けば思わず夢中になり、時がたつのを忘れる。それらの男女の夜の集会を、風紀を乱すものとして眉をひそめる向きもあったのである。

このような状況の中で、後鳥羽上皇の女官で愛人の女性二人が、一夜、念仏の会に出席して感動のあまり出家してしまった。ちょうど熊野《くまの》詣《もうで》に出かけていた後鳥羽上皇は、あとでそのことを聞いて激怒し、専修念仏弾圧の立場に変わった。上皇は、その会に関わった住蓮《じゅうれん》と安楽《あんらく》および他の二人の念仏者を死罪に、法然以下計八人を流罪に処したのである。

法然は藤井元彦とされて四国に、親鸞は藤井善信で越後に流されることになった。この専修念仏者に対する弾圧を、承元の法難、または建永の法難と呼んでいる。

従来、この法難は、専修念仏が旧来の論理を根本的に変えるもので、それに危機を感じた伝統的仏教教団と、それと分かちがたく結びついている朝廷とが国家転覆の危機であると念仏者たちを弾圧したものである、と捉えられることが一般であった。しかし最近の研究により、騒いでいるのは興福寺だけで、あとの教団等は騒いでいるという根拠がない、ということが明らかになった。「法難」の原因は、後鳥羽上皇の私怨である、しかも朝廷に正式な手続きを踏まずに断行してしまったものだ、というのである（上横手雅敬「「建永の法難」について」同氏編『鎌倉時代の権力と制度』思文閣出版、二〇〇八年）。

親鸞は後鳥羽上皇以下が専修念仏を否定して弾圧を強行したことに憤慨していた、とされていた。それは『教行信証』後序に、「後鳥羽上皇とその臣下は法に背いて正しい道を誤り、法然たちを怒り恨んだのである」と親鸞自身が述懐していることを根拠にしている。

しかしこの文章も新しい観点で読めば、後鳥羽上皇が規則に則らず法然たちを処罰してしまったという手続き上の間違いを責めている、と読めるのである。

女官の名は松虫・鈴虫といったという（この名は、江戸時代の史料から現れる）。この女性二人と、安楽・住蓮との間に何があったのかは正確には不明としかいいようがない。それに法然を除けば処断されたのは若手から中堅の門弟たちで、門弟中の指導層に属する者はいない。国家転覆の危機を感じた朝廷・教団が処断したにしては、気の抜けた結果になっている。弾圧の法難の直接の原因は後鳥羽上皇の私怨によるものとすべきであろう。

それに親鸞が流罪にならなければ、彼自身の信仰の境地の深まり、東国での『教行信証』の執筆、多くの門弟の育成もあったかどうか。歴史に名を残す人物になっていたかどうか。親鸞自身、次のようにいったと『親鸞伝絵』に残されている。

大師聖人　源空　もし流刑に処せられたまはずば、われ又配所に赴かむや。もしわれ配所におもむかずば、何によりてか辺鄙の群類を化せむ。これ師教の恩致なり。

「もし法然聖人が流刑にならなかったら、私だってどうして配所へ行くことがあったでしょうか。もし私が配所へ行かなければ、いったいどのようにして地方の人々に念仏の教えを伝えることができたでしょうか。配所の越後へ行くことは、法然聖人の教えの中でもっともありがたいこと、感謝しなければならないことです」。親鸞の伝記のなかでの越後流罪の意味は、そろそろ考え直さなければなるまい。

配所の生活

承元元年（一二〇七）二月上旬、現在ならばおそらく三月中旬から下旬のころ、親鸞は越後に護送された。まだ雪が残っている時期であったろう。目的地は越後国府である（新潟県上越市）。妻の恵信尼も京都から同行した。それは朝廷の「獄令《ごくりょう》*」に妻も同行しなければならないと決まっていたからである。

従来、親鸞は越後での生活が大変だった、食うや食わずで、慣れない田んぼに入るなどの泥まみれの農作業を行わねばならなかった、それを哀れんだ地元の豪族三善為教が自宅へ招き、娘の恵信尼と結婚させて生活の面倒もみた、ということが語られていた。しかし三善為教は京都の貴族であることも、親鸞と恵信尼の結婚が京都においてであることもほぼ確実である。右のような親鸞生活困窮説は成り立たない。

一方、親鸞の伯父の日野宗業が、朝廷の臨時の除目《じもく》*によって、親鸞流罪の一カ月

居多ケ浜の碑
新潟県上越市

＊ **獄令** 犯罪人に対する裁判、処刑法、その他の手続きについて規定している法律。

＊ **除目** 貴族の役職任命の発表。毎年二回、定期的に行われる。

前に越後権介《えちごのごんのすけ》に任命されていることは重要である。越後権介とは、越後国司の第二等官である越後介がすでにいるのに、さらにもう一人任命した職のことである。

朝廷の役職任命は、人間関係と賄賂で行われることが非常に多い。コネとカネである。宗業は甥の親鸞が越後に流されると知り、主家として仕えている九条兼実に頼んで越後権介に任命してもらった。あるいは、越後権介に任命してもらえたので、甥の流罪先を越後にしてもらった。このような筋書きが考えられる。

越後国は九条兼実の息子が知行国主《ちぎょうこくしゅ》*であったことがある。後鳥羽上皇が知行国主であった時期もあったらしい。いずれにしても、兼実は越後国に権益を持ち続けていた。親鸞が越後に流されたのは偶然ではないのである。

ちなみに、親鸞が関東へ向かった建保二年（一二一四）の「建保」という年号は、日野宗業が撰び、後鳥羽上皇が採用したものである。宗業は上皇のお気に入りであり、当然その恩恵は親鸞まで及んでいたと考えてよい。

権介であっても、国司は国司である。越後国府では大きな権威を持つ。親鸞は越後国府において、現役の越後国司の甥として、衣食住から身分は保証さ

恵信尼坐像
別府市・永福寺

恵信尼五輪塔
新潟県上越市

＊　知行国主　国司を任命する権利を持つ国。その国を知行国という。平安時代後期以来、その慣行は普通になっていた。

れていたに違いない。また恵信尼の実家三善家も父の為教に至るまで三代（為長—為康—為教の三代）にわたって越後介に任命されてきたから、越後に何らかの権益（荘園）を持っていたと推定される。そこからの援助もあったはずである。

越後に流された親鸞の大問題は経済生活にあったのではなく、吉水草庵における師匠・先輩・同輩の存在という恵まれた環境から、いきなりたった一人で専修念仏の信心を深める生活に入らねばならなかったことであった。これは苦しかったに違いない。

しかしその生活に耐え、念仏の境地も深め、やがてはその念仏を他の人々にも伝える決心をした。そしてその舞台として東国を選んだのである。

東国に住む

建保二年（一二一四）年、おそらくは雪が解けてから、親鸞は東国へ向かった。東国には鎌倉がある。幕府が所在する新興の武士の都でもある。東国は京都およびその付近で弾圧され、さらには布教成果の上がらなかった多くの僧侶たちが目指した地域である。

親鸞の東国行は妻の恵信尼と七歳くらいの娘小黒女房と四歳の息子信蓮房と一緒である。第二次世界大戦後、親鸞一家は聖《ひじり》（ほとんど身一つで放浪する下級の宗教者）の群れに交じって関東へ行ったという説が広まっていた。目的地も決めずに。また食事などは村の人々が恵んでくれるとされてきた。しかし貴族出身の妻や幼児二人を連れてそんな明日をも知れぬ不安な旅ができるわけがないし、恵信尼が承知するとは思えない。必ずや東国に親鸞を迎え、生活の保障を約束してくれた人がいたと考えるべきであろう。

親鸞が東国でもっとも長く住んだのは常陸国笠間郡《かさまぐん》稲田郷《いなだのごう》の稲田草庵であったと考えられる。その稲田の最上位の領主*は宇都宮頼綱《うつのみやよりつな》という豪族であった。頼綱は下野国（栃木県）南部から中部にかけて、および笠間郡を支配する大領主であった。鎌倉幕府の中でも、執権《しっけん》北条義時の妹を妻にして存在感を示していた。そして特筆すべきことは、法然の最晩年の有力な門弟であったことである。実信房蓮生《じっしんぼうれんしょう》という法名を与えられていた。彼は親鸞が関東へ来る二年前に法然が亡くなっても、その遺弟たちを支え続けた。嘉禄三年（一二二七）に比叡山の僧侶たちが京都東山の法然の墓を襲って遺骨を暴こうとした時、頼綱はそれと察知した遺弟らとともに前の晩に遺骨を掘り出し、配下の数百騎の軍勢をもってこれを守り、嵯峨に送り届けたのである（『拾遺古徳伝』）。

頼綱は親鸞より五歳の年下であり、当然、法然門下の俊秀として有名だった親鸞を知っていたに違いない。親鸞が東国へ行きたいという希望を持っていると聞き、自分の領地へ招いたのであろう。

小島草庵跡

＊ **最上位の領主**　当時の常として、ある土地には下から名主・地頭・領家・本家などの複数の領主が存在していた。

浄土真宗で語られてきた歴史では、東国は荒れ地、稲田は寒村、そこに住む人々は無知蒙昧《むちもうまい》、親鸞はその人々に初めて念仏を伝えた、とされてきた。覚如の『親鸞伝絵』に、

聖人越後国より常陸国に越て、笠間郡稲田郷といふ所に、隠居したまふ。幽棲を占《しむ》といへども道俗跡をたづね、蓬戸《ほうと》を閇《とず》といへども貴賤衢《ちまた》に溢《あふ》る。

「親鸞聖人は越後国を出て常陸国に来られて、笠間郡稲田郷という所に隠れるように居を定められました。そこでひっそりと住んでいたのですが、やはり僧侶や俗人が家を訪ねてきました。門扉は、雑草が生えてしまうほど長期間開けなかったのですけれども、身分の上下の人たちが集まって道に溢れんばかりでした」と書かれたことによって稲田は寒村と印象づけられてきたと思われる。

信仰の広まりと神祇信仰

しかし実際の東国・稲田はそうではなかった。平安時代の『延喜式《えんぎしき》』（朝廷の法律である律令の施行細則を集大成した法典）によると、全国は租税が多く取れる順に四段階に分けられている。もっとも多く取れる国が、大国、続いて上国・中国・下国である。稲田のある常陸国は大国、周囲の陸奥・下総・上野も大国、下野でも上国である。また『和名類聚抄《わみょうるいじゅうしょう》』（当時の百科辞典）によれば、全国の中で租税額がもっとも多いのは陸奥国《むつのくに》で、次が何と常陸国である。当時は田の面積を基準に税金をかけるから、常陸国は国の面積が広く、当然そこを耕す人口も多いということになる。荒れ地ではありえない。

また稲田は、地形から考えて現在の笠間市稲田と同じくらいの面積、つまり東西四キロ、南北二、三キロの地域である。そこには南北に街道が走り、稲田には大神《おおみわ》駅《のうまや》という宿場町があった。その付近で「大神」というのは稲田神社のことで、この神社は当時常陸国の七大神社の一つであった。稲田はそこの門前町でもあったのである。稲田は賑わっていた。人跡まれな寒村ではない。さらに稲田草庵は広大な稲田神社のほとんど境内にあった。

当時の常として神社には多くの社僧*がいたから、稲田神社には多くの仏教書があったに違いない。親鸞は他の寺院・神社にも仏教書を求めて訪れたであろうが、基

稲田神社
茨城県笠間市稲田

稲田・西念寺本堂
茨城県笠間市

＊**社僧**　神社に属し勤務する僧侶。宮僧、神僧とも称した。

越後
陸奥
国府
下野
常陸
宇都宮
信
上野
利根川
国分寺
高田
大部
国府
稲田
碓氷峠
板倉
下妻
那珂川
小山
国府
濃
佐貫
筑波山
熊谷
横曾根
鹿島神宮
武蔵
下総
甲斐
相模
鎌倉
上総
箱根
駿河
国府津
安房
伊豆

親鸞関係関東地図

本的には稲田神社の仏教書をもとにして『教行信証』を著したのではないか。それは元仁元年（一二二四）、親鸞五十二歳の時であった。よくいわれているように鹿島神宮を訪れて仏教書を読んだことも、時にはあったろうけれど、鹿島神宮は何せ稲田から直線で六十キロのかなたにある。一日で歩いて行ける距離ではない。遠すぎる。

　親鸞が東国で住んだといわれる所は、稲田草庵・笠間草庵（茨城県笠間市）・小島《おじま》草庵《そうあん》（茨城県下妻市）・大高山《だいこうさん》（茨城県常総市）・霞ヶ浦草庵（茨城県石岡市）・大山草庵（茨城県東茨城郡城里町）・三谷草庵《みやのそうあん》（栃木県真岡市）・佐貫草庵（栃木県塩谷郡塩谷町）・室八《むろのや》島草庵《しまのそうあん》（栃木県栃木市）・花見岡草庵《はなみがおかのそうあん》（栃木県下野市）など、さまざまある。そのなかで、もっとも長く住んで布教の成果も上がったのは稲田草庵であろう。二十四《にじゅうよ》輩《はい》などと呼ばれている初期の門弟たちの住所は、ほぼ稲田を中心とした半径約四十キロの同心円の中に入る。布教圏としては一泊二日の距離である。親鸞は朝、稲田を出発して夕方に目的地へ着き、夜に念仏の会を開いて、翌朝稲田に向かって帰るという限度内で布教することが多かったのであろう。

　そのなかで、のちに親鸞門弟二十四輩《にじゅうよはい》とよばれたような横曾根《よこぞね》（常総市）の性信《しょうしん》、高田（栃木県真岡市）の真仏《しんぶつ》と顕智《けんち》、鹿島（茨城県鉾田市）の順信《じゅんしん》、もと山伏弁円の明法《みょうほう》、あるいは河和田《かわわだ》（水戸市）の唯円などの優れた門弟たちが育っていった。

　『教行信証』を著し、多くの門弟を育てた親鸞は、やがて六十歳のころに京都へ帰ることになった。貞永元年（一二三二）のころであったと思われる。

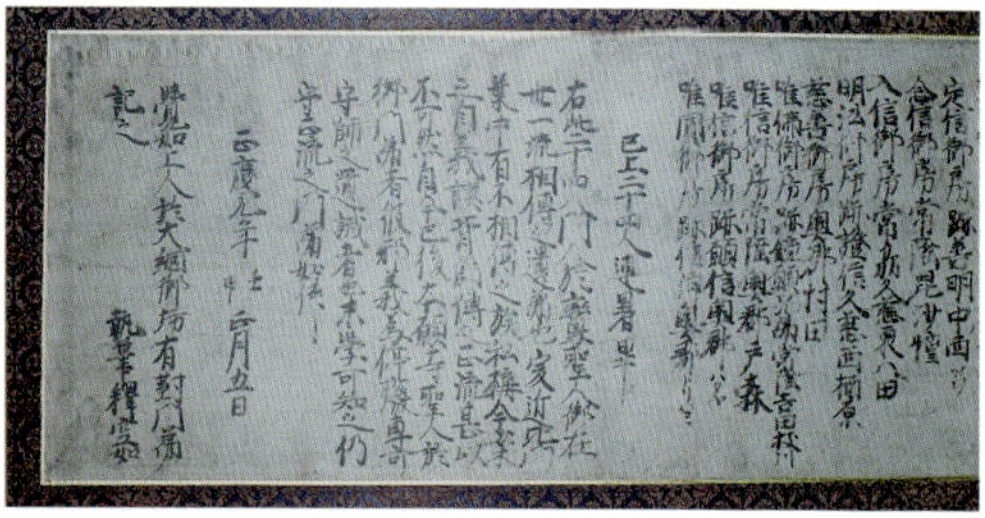

二十四輩牒

茨城県大洗町・願入寺

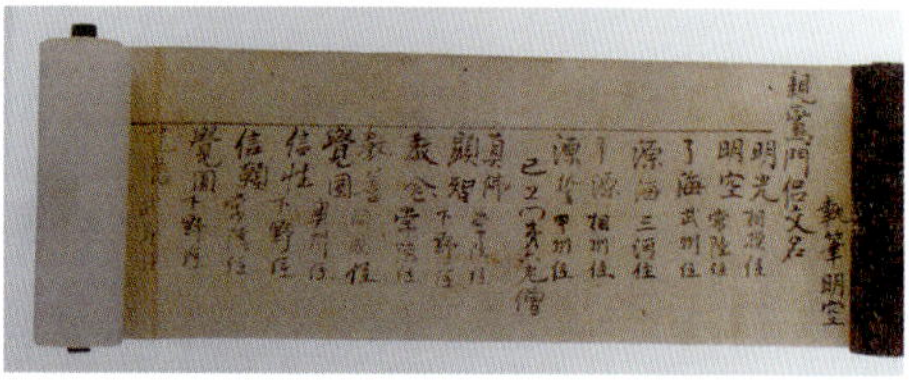

親鸞門侶交名

茨城県下妻市・光明寺

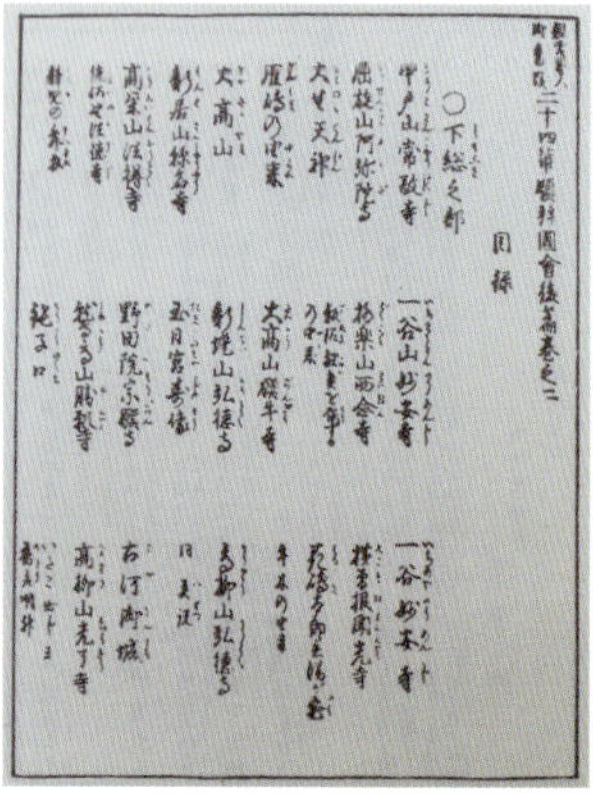

『二十四輩順拝図会』の目次

二十四輩というのは、かつて、二十余輩とも書かれ、「にじゅうよはい」といわれたが、二十四輩と記されるようになり、「にじゅうしはい」とも呼ばれるようになった。江戸時代には『二十四輩順拝図《ず》会《え》』という名所図会も刊行された。

この「二十四輩」は親鸞の門弟を総称する場合によく使われる用語である。親鸞の有力な門弟は二十四人いたというのである。またそれらの門弟の寺として、二十四輩第一番報恩寺などともいう。これは、二十四輩第一であった性信を開基とする寺である、と

性信坐像
群馬県板倉町・宝福寺

いう意味である。

二十四輩の語源は、覚如の『改邪抄《がいじゃしょう》』に、

　おほよす本願寺の聖人御門弟のうちにおいて二十余輩の流々の学者達、

「親鸞の門弟の中の、だいたい二十人余りの学びにすぐれた人たち」とあるものである。二十四人という確定した人数ではなく、二十人余りということだった。それがまもなく二十四人ということになってしまった。その二十四人の名前を記した『二十四輩牒』も成立した（茨城県東茨城郡大洗町・願入寺本と京都市・常楽寺本とがある）。江戸時代には、二十四人に第一、あるいは第一番などと番号がつけられるようになった。

現在、二十四人の門弟を開基とし、あるいは何らかの関係で二十四輩を名のる寺院は、全国で百数十ある。

次に、二十四輩の門弟の名と、その寺院の一覧を掲げておこう。

二十四輩寺院一覧

二十四輩第一	性信	報恩寺（東京都台東区東上野） 報恩寺（茨城県常総市豊岡町）
二十四輩第二	真仏	専修寺（栃木県真岡市高田）
二十四輩第三	順信	無量寿寺（茨城県鉾田市鳥栖） 無量寿寺（茨城県鉾田市下富田）
二十四輩第四	乗念	如来寺（茨城県石岡市柿岡）
二十四輩第五	信楽	弘徳寺（茨城県八千代町新地）
二十四輩第六	成然	妙安寺（茨城県坂東市みむら） 妙安寺（茨城県猿島郡境町一の谷） 妙安寺（群馬県前橋市千代田町）
二十四輩第七	西念	西念寺（茨城県坂東市辺田） 宗願寺（茨城県古河市中央町）
二十四輩第八	証性	蓮生寺（福島県東白川郡棚倉町新町） 青蓮寺（茨城県常陸太田市東連地）
二十四輩第九	善性	東弘寺（茨城県常総市大房）
二十四輩第十	是信	本誓寺（岩手県盛岡市名須川町）
二十四輩第十一	無為信	無為信寺（新潟県阿賀野市下条）
二十四輩第十二	善念 善念	善重寺（茨城県水戸市酒門町） 善徳寺（茨城県常陸大宮市鷲子）
二十四輩第十三	信願	慈願寺（栃木県那須郡那珂川町健武） 慈願寺（栃木県那須烏山市中央）
二十四輩第十四	定信 定信	阿弥陀寺（茨城県那珂市額田南郷） 願船寺（茨城県那珂郡東海村石神外宿）
二十四輩第十五	道円	枕石寺（茨城県常陸大宮市上河合）
二十四輩第十六	入信	寿命寺（茨城県常陸大宮市野口）
二十四輩第十七	念信	照願寺（茨城県常陸大宮市鷲子）
二十四輩第十八	入信	常福寺（茨城県つくば市大曾根）
二十四輩第十九	明法 明法	上宮寺（茨城県那珂市本米崎） 法専寺（茨城県常陸大宮市東野）
二十四輩第二十	慈善	常弘寺（茨城県常陸大宮市石沢）
二十四輩第二十一	唯仏	浄光寺（茨城県ひたちなか市館山）
二十四輩第二十二	唯信	唯信寺（茨城県笠間市大田町）
二十四輩第二十三	唯信 唯信	信願寺（茨城県水戸市緑町） 覚念寺（茨城県日立市金沢）
二十四輩第二十四	唯円 唯円	西光寺（茨城県常陸太田市谷河原） 本泉寺（茨城県常陸大宮市野上）

三　帰京と信仰のその後

帰京から入滅まで

親鸞が京都に帰った理由は明確ではない。未完成であった『教行信証』をまとめあげるためとか、師法然の書き物・手紙等を集めて『西方指南抄』*を編むためとか、東国での念仏弾圧を逃れてとか、いくつかの説があった。ただ当時の平均寿命は四十二、三歳であったらしいから、六十歳の還暦を迎えた親鸞は、そろそろ関東での仕事も終えたと故郷へ帰りたくなったのではないだろうか（明治二十二年〈一八八九〉に日本で最初に全国的平均寿命調査が始まった時、男性の平均寿命は四十二・八歳であったし、五十歳を超えたのは昭和二十五年〈一九五〇年〉であったから、鎌倉時代の平均寿命の低さを驚くにはあたらない）。

従来、親鸞は妻をはじめとする家族を当然連れて帰京したと思われてきた。しかしそうではないだろう。京都の親鸞の実家は破滅状態、恵信尼の実家も兄弟または甥姪の代になっている。親鸞の娘小黒女房はすでに二十代なかば、息子の信蓮房は二十二歳、配偶者もあり仕事もあって、東国に根付いていたであろう。その下にはおそらく十代の息子有房と娘高野禅尼、九歳の末娘覚信尼とがいた。彼らすべてが京都は故郷ではない。仕事も財産もない親鸞が、彼らを連れて行くことは不可能だ

＊『西方指南抄』　法然の手紙や書き物などを集めたもの。現在では、親鸞以外の人物が編集したという説が有力である。

ろう。移動するなら、恵信尼の領地があったと推定される越後だろう。

こうして親鸞は家族と別れ、一人で京都に帰った。親鸞にとっては三十五歳で越後に流されてから二十数年ぶりの故郷である。『親鸞伝絵』に、「親鸞は故郷に帰っていままでのことを振り返ってみると、この年月のできごとが夢まぼろしのように思えました」と記されている。

確かに京都の雰囲気はすっかり様変わりしていた。親鸞や法然を流罪にした後鳥羽上皇は、今度は自分が隠岐島に流されていた。幕府の出先機関である六波羅探題が京都を監視するようになっており、朝廷の政治力は弱まっていた。幕府では北条泰時が執権となり、『御成敗式目』を定めて政治の安定化をはかっていた。東国で親鸞を助けた宇都宮頼綱は、その母に至るまでの四代、宇都宮家歴代の夫人たちが貴族出身ということもあり、京都でも大きな力を持っていた。親鸞にとっては都合がよかったはずである。

帰京後しばらくして、二十数年前に京都に残してきた息子善鸞に長男の如信が誕生した。後に親鸞に続く本願寺第二世とされた人物である。如信は熱心に親鸞の教えを学んだと『最須敬重絵詞』にある。

親鸞は京都で何度か引越しをした。その理由について、『親鸞伝絵』に、「京都での住所は、あまり人に知られたくありません」とあるのは、何を意味しているのだろうか。変わってしまった（と、自分が思う）京都の中で、知り合いもほとんどおらず、

見返橋
茨城県笠間市稲田。稲田草庵を去る親鸞が、小川にかかる橋の上で、見送る家族を振り返って別れを惜しんだという。

自分の立ち位置を決め難かったのであろうか。やがて親鸞は五条西洞院*あたりに長く住むようになった。その正確な場所は不明であるが、西洞院通と五条通の交わるあたりと推定される。東西本願寺の少し北の位置である。

親鸞のところには東国や東海地方に広がった門弟たちが訪ねてきていた。そのことは親鸞も歓迎していた。親鸞のある書状（宛名・年月日未詳）には、明教という門弟が上京してきたことを、「明教房が京都に来られたことは、大変ありがたく思います」と歓迎し、もと下野国にいて遠江国（静岡県）に移った専信という門弟について、年未詳五月二十八日付の手紙のあとがきに、「専信房が京都の近くに移ってこられたのは、とても頼もしく思います」と喜んでいる。

教えをかたちに

また親鸞が強く気にかけていたのは、東国で執筆した『教行信証』の内容を充実させることであった。そのための思索を深めるとともに、中国からの新しい書籍を求めて諸寺をめぐった。その活動は少なくとも七十五歳の宝治元年（一二四七）まで続いたと考えられる。それはこの年に門弟の尊蓮《そんれん》が『教行信証』を書写させてもらっていることからの推定である。親鸞は本書がそろそろ完成したとみて書写を許したのであろう。尊蓮（日野範綱―尊蓮―広綱）は親鸞が幼い日に出家した時、付き添ってくれた伯父日野範綱の息子であり、末娘覚信尼の夫である日野広綱の父である。

『教行信証』への加筆訂正が終わったころ、親鸞は念仏についてやさしく教える

＊　西洞院通　現在の東本願寺と西本願寺の中間にある、南北の通り。

書物や和讃を書くことに意欲を示し始めた。それまでは、吉水草庵時代の法兄聖覚が執筆した『唯信抄』*を書写して与えていたのである。まず、分かりやすく皆で声を合わせて唱えやすい和讃《わさん》を作り始めた。それは七十六歳の時からで、最初に作った和讃は「浄土和讃」と「高僧和讃」である。以後、続々と和讃を作成している。当時の流行歌である今様と同じく、七五調の文体である。たとえば康元二年（一二五七）、八十五歳の時に作成した、「夢告讃」*として尊重されている和讃には、

弥陀の本願　信ずべし
本願信ずる　ひとはみな
摂取不捨の　利益にて
無上覚をば　さとるなり

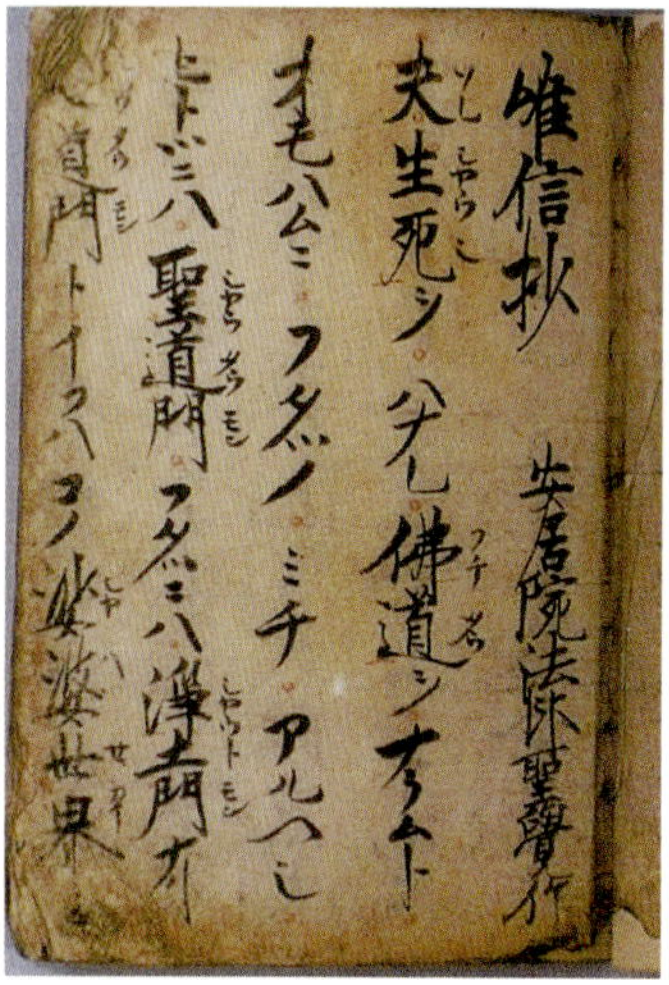

唯信抄
茨城県東茨城郡大洗町・願入寺。親鸞の直筆と伝える。

「阿弥陀仏の本願*を信じましょう。本願を信ずる人は全員、一度すくい取ったら捨てないという恩恵を被り、極楽浄土へ往生できるのです」とある。

　また親鸞は阿弥陀仏や教えてくれた人への感謝を強調するが、それも同じく八十五歳

＊『唯信抄』　親鸞の吉水草庵時代の兄弟子聖覚の著。念仏には信心が大切ということを説いている。

＊夢告讃　康元二年二月九日の夜寅の時に、どの仏菩薩かは分からないが、夢告として与えられたという。

＊本願　すべての人を救って極楽浄土へ迎え摂りたいという阿弥陀仏のほんとうの願いは、すでに叶《かな》えられています。だからその願いを信じれば必ず極楽往生できる、という意味。

の時に作成した「恩徳讃」*に、

如来大悲の　恩徳は
身を粉にしても　報ずべし
師主知識の　恩徳も
ほねをくだきても　謝すべし

「阿弥陀如来の大悲に基づく救いの恩とその徳は、私たちの身が粉になるほど努力してお返ししましょう。師匠や友人の恩と徳に対しても、骨が砕けるまでに努力してお返ししましょう」とある。いずれも七五調である。

また七十八歳になると、親鸞は『唯信抄』の解説書というべき『唯信抄文意《もんい》』を著して、広く門弟たちに与えるようになった。以後、そのようにやさしく理解できる書物の執筆にも努力している。

親鸞が長く住んだ五条西洞院あたりは建長七年（一二五五）に火災で焼けてしまった。その後は弟の尋有僧都が住んでいた善法坊（比叡山にある善法院の子院）に住むようになった。そこでは覚信尼が同居して親鸞の生活を助けた。時おり、越後から息子の日野有房（出家して道性）も訪ねてきていた。妻の恵信尼は越後に住んで、親鸞を助けていた。

弘長二年（一二六二）十一月下旬、親鸞は病に臥し、二十八日に亡くなった。九十歳という長寿であった。翌日、覚信尼や有房、それから東国から来ていた高田の

＊ 恩徳讃　浄土真宗の法要では、最後に全員で唱和する。

顕智坐像
栃木県真岡市高田・専修寺

顕智らは東山の西麓、鳥辺野の南の延仁寺で荼毘《だび》に付し、遺骨はその北の大谷に納めたのである。十二月一日、覚信尼は親鸞が亡くなったことを手紙で恵信尼に知らせている。

親鸞廟堂の建立

親鸞の没後、東国の門弟たちはそれぞれの地域を中心とした集団の勢力を維持、あるいは発展させていた。その集団は中心の地域名を取って、横曾根門徒、高田門徒、荒木門徒、鹿島門徒、猿島《さしま》門徒などと呼ばれていた。横曾根門徒は下総国北部を本拠として、常陸国西部、同東部、上野国・下野国南端部、さらには陸奥国南部まで勢力を広げた。最初の指導者は性信で、彼は鹿島神宮の神主の一族出身といわれている。その本拠地には、のちに報恩寺となった念仏道場があった（茨城県常総市）。

高田門徒は下野国東南部を本拠として、常陸国北西部、そして武蔵国から遠江国に進出した。武蔵国に進出したのが荒木門徒である。最初の指導者は常陸国の真壁郡椎尾出身の武士で、高田門徒の本拠地には如来堂があった。これは室町時代から専修寺と呼ばれるようになった（栃木県真岡市）。

鹿島門徒は常陸国東南部を本拠に、猿島門徒は下総国北部勢力を強めていた。彼らは京都の親鸞の遺族に気を配りつつも、それぞれの環境の中で独自の発展を遂げていたのである。最初の指導者を順信といった。彼は鹿島神宮の神主出身と伝えられている。本拠地には、後に無量寿寺と呼ばれた念仏道場があった（茨城県鉾田市）。

また猿島門徒は下総国北部を中心に勢力を広げた。最初の指導者を成然という。彼は、親鸞の従兄弟であったという。本拠地には、これものちに妙安寺と呼ばれた念仏道場があった。

これに対して、京都に住む親鸞の遺族はあまり豊かな生活ではなかった。その中で、親鸞が亡くなって十年後の文永九年（一二七二）、覚信尼は親鸞の墓所を吉水の北に移し、堂を建てて親鸞の坐像を安置した。そこは、親鸞が亡くなってから結婚した二番目の夫である小野宮禅念の所有地であった。親鸞廟堂と通称されるそのお堂の建立費用は、東国の門弟たちが出し合った。

覚信尼には、前夫日野広綱との間に嘉禎三年（一二三七）に誕生した息子覚恵《かくえ》と、娘光玉《こうぎょく》*がいた。そして文永三年（一二六六）、禅念との間の息子唯善《ゆいぜん》が誕生した。その四年後の文永七年（一二七〇）、覚恵に息子覚如が生まれた。

文永十一年（一二七四）、禅念は親鸞廟堂が建っている土地の所有権を覚信尼に譲り、翌年に亡くなった。覚信尼はその土地を東国の門弟たちに譲った。親鸞廟堂《びょうどう》の所有者はもともと関東の門弟である。しかし彼らは廟堂に常駐しているわけではない。そこでその留守を門弟たちに任せてもらった。それを「留守」と称していたのであるが、覚如が成人して親鸞の後継者としての自覚を持ち始めると、「留守職《るすしき》」として管理する権利を主張するようになった。

実をいえば覚信尼一家は貧しく、親鸞門弟の系譜をひく集団は東国や京都で勢力

親鸞廟（『親鸞聖人伝絵』茨城県下妻市・光明寺）

* 光玉　のちに従兄の如信と結婚して東国に下った。

を発展させていた。覚如はその状況に自分たちの存在の危機感を抱いた。そして親鸞が法然の正しい後継者であることをあらためて主張するとともに、教えを伝えていく先頭には親鸞の血統の子孫があたるべきであるとの主張を声高に説き始めた。

本願寺の成立　また覚如は、親鸞の念仏を信心と報謝をもって特色づけた。「信心」とは、極楽往生は念仏の回数によって約束されるのではなく、阿弥陀仏の救いを信じるところにあるとしたことである。またそのような救いを与えてくれた阿弥陀仏に、心から感謝とお礼の行いをして生きるべきだとした。これが報謝である。これらは法然から正しく受け継いだとした。

その覚如は十歳で延暦寺に入ってから園城寺、興福寺などで学び、弘安九年（一二八六）十七歳の時に興福寺一乗院で出家した。しかし親鸞の教えを学ぼうと大谷に帰り、翌年十一月九日に、陸奥国東山から上京してきた如信から教えを受けた。『慕帰絵《ぼきえ》』*第三巻に、「如信は法然から教えを受けた親鸞の正しい後継者です。覚如はその如信から直接、口頭で教えを伝えられました（面受）」とある。覚如の主張である。

「面受」（史料上では「面授」として出てくることが多い）は、尊敬すべき師匠から直接教えを受けること、または受けた門弟を指す。これは初期真宗教団では非常な名誉であり、また権威を持ったのでもあった。それは、例えば唯円が『歎異抄』を執筆した時の気持ちに示されている。彼は親鸞の教えを正しく後輩の人たちに伝えたい

＊『慕帰絵』　覚如の伝記。覚如の次男従覚の制作とされているが、覚如自身が制作したとの説も出ている。

との意欲を持っていた。それを『歎異抄』序に次のように記している。

故親鸞聖人の御物語の趣き、耳の底に留まるところ、聊か之を記す。

「今は亡くなられましたが、親鸞聖人が直接教えて下さった趣旨の、私の耳の底に留まっていることをほんのわずか、ここに記します」。

つまり唯円が、自分は親鸞の教えを正しく語る資格があるとしているのは、親鸞が話したことを直接自分の耳で聞いたからであるというのである。親鸞が書いた本をもらったとか、教えを書いた手紙をもらったとかいうのではない。面と向かって教えられたこと、面受（面授）こそ根本的に重要であった。

覚如は親鸞の血統上の子孫（曾孫）であり、それは無視できないことではある。しかしながら僧侶には子孫はいない建前であり、やはり面授がもっとも尊重された。それで覚如は法然からの教えの系譜を示さざるを得なかったのである。浄土真宗では、さらに、法然―親鸞―如信、あるいは法然―親鸞―性信などとする三代の系譜も尊重された。これを三代伝持といい、それぞれの門徒集団で最初の指導者を三番目に付ける三代伝持が大切にされたのである。

その上、覚如は親鸞の血統上の子孫の優位性も強く主張した。親鸞廟堂を単なる墓所ではなく、寺院化して自分が頂点に立つ教団の本拠にすることを計画した。そしてその名を専修寺とした。正和元年（一三一二）夏のことであった。しかし延暦寺からの圧力により、それは取り下げざるを得なかった。延暦寺は専修念仏を思わせる「専修」寺という名称が気に入らなかったのである。そこであらためて本願寺とした。これは延暦寺からの圧力は来なかったようであるが、史料上で「本願寺」の名称が現れるのは元弘三年（一三三三）になってからである。

しかしながら、覚如の主張は多くの真宗門徒の反発を生み、本願寺を中心とする勢力の発展には至らなかった。本願寺を大勢力にしたのは、親鸞を初代、如信を第二世、覚如を第三世としたところの（覚如がそのように定めた）第八代にあたる室町時代の蓮如《れんにょ》である。

蓮如は、応永二十二年（一四一五）、本願寺第七世存如《ぞんにょ》の長男として誕生した。そのころの本願寺は依然として貧しく、そのなかで蓮如は懸命に勉強したと伝えられている。その貧しさは、『本福寺由来記』*に、「本願寺には人影もなく、参詣の人はひとりもおらず、衰えていました」とあるような状態であった。

蓮如が勉強したのは、親鸞教学と、いかにすれば本願寺の勢力を大きくすることができるか、ということであった。蓮如が本願寺を継承したのは、四十三歳の時であった。彼は門徒たちについて、「門徒たちは自分の門弟ではなく、親鸞の門弟です。自分が今日あるのは親鸞のお蔭ですから、その親鸞がとても大切にしていた門徒をどうして粗末に扱うことができましょうか」といっていた。そのことを、『実悟旧記』（蓮如第十男の実悟の著）では次のように述べている。

開山聖人の一大事の御客人と申は、御門徒衆のことなり。

＊『本福寺由来記』 滋賀県大津市・本福寺が伝来した記録。当時の近江における蓮如の動向や本願寺と末寺本福寺の葛藤などを伝える貴重な史料。

これを聞いた門徒たちは感激したであろう。「開山聖人」とあるのは親鸞のことである。

さらに『実悟旧記』の中で、本願寺に参詣してくる門徒たちについて、蓮如は、

寒天には御酒などのかんをよくさせて、路次のさむさをも忘られ候やうに、と仰られ候。又炎天の比は酒などひやせと仰られ、御詞を加へられ候。

「寒い季節には酒などをよく温めて振る舞い、道中の寒さも忘れられるように、また暑い季節には酒などを冷やして飲ませてあげなさいと仰せになりました」という。参詣の門徒は、まさに生き返った気持がしたであろう。蓮如の人心収攬術の巧みさである。

やがて蓮如は各地への布教にあたって、懸命に勉強した親鸞の教えを誰にでも理解できるようにやさしく、おもしろく、ただし文献の重要な文句はできるだけ生かした文章を手紙の形で送ることにした。いわゆる御文《おふみ》（真宗大谷派の用語）または御文章《ごぶんしょう》（浄土真宗本願寺派の用語）である。当時は文字が読めない人が非常に多かったので、蓮如は「読む」よりも「聞く」ことを前提とした心地のよい文体を作るべく努力したのである。

また蓮如は、村々の中に布教するにあたり、村の指導者を把握することに努めた。それを、次のようにいったと『栄玄記』（蓮如の曾祖父綽如の曾々孫にあたる栄玄の著）では伝えている。

坊主と年老《としより》と長《おとな》と、此三人さへ在所々々にして仏法に本付候《もとづけ》はゞ、余のすえずえの人はみな法義になり、仏法繁盛であらうずるよ。

「村の寺の住職と二、三の有力者さえ浄土真宗に帰依させることができたら、その他の人たちは皆真宗門徒になり、真宗は繁栄するでありましょう」。

こうして蓮如は、苦労は伴いつつも本願寺の勢力を各地に伸ばしていった。明応八年（一四九九）に八十五歳で亡くなるまでに、その勢力は畿内から北陸・東海、そして中国地方と広がったのである。

人物相関図

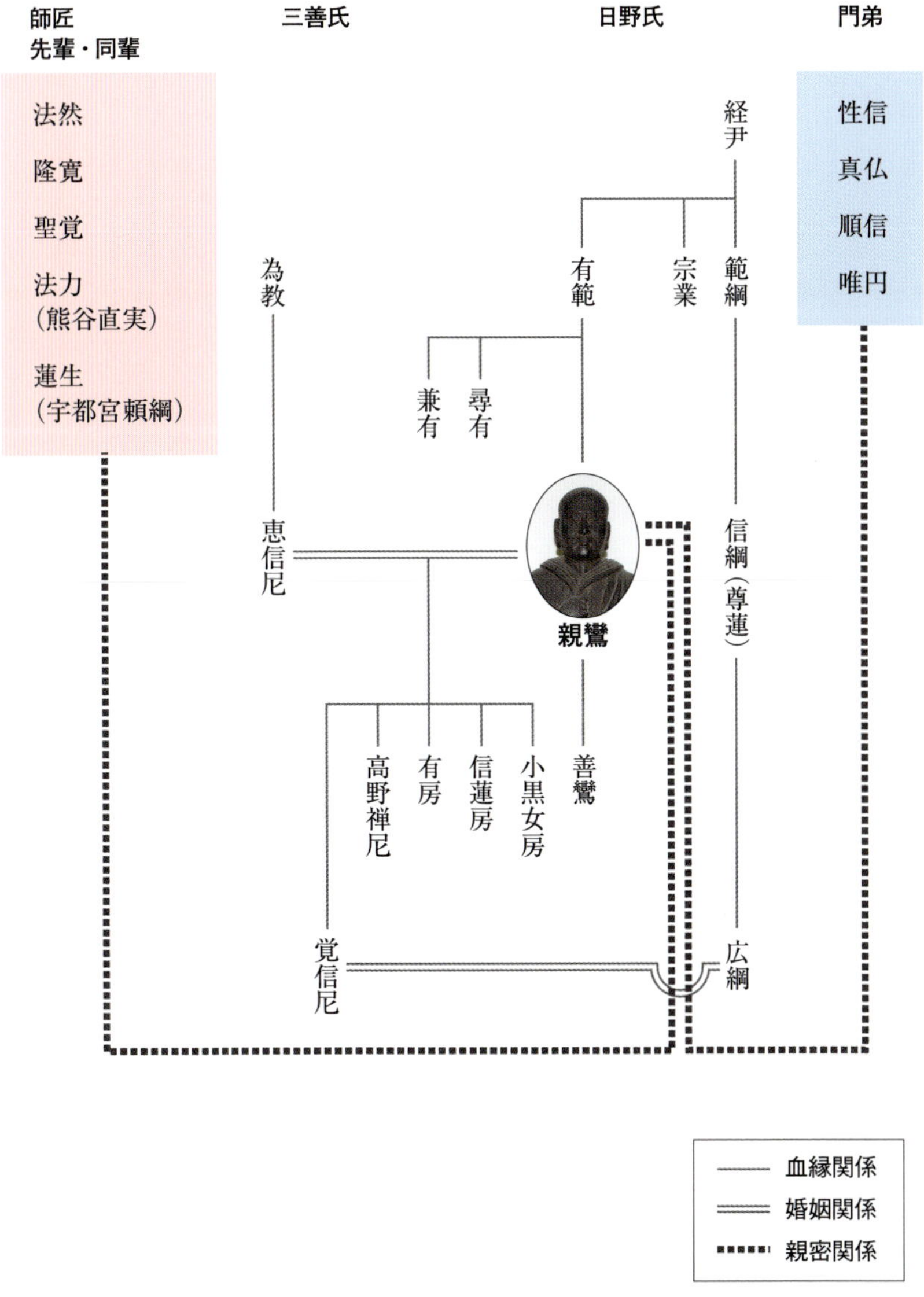

師匠
先輩・同輩
法然
隆寛
聖覚
法力
（熊谷直実）
蓮生
（宇都宮頼綱）
三善氏
為教
恵信尼
日野氏
経尹
有範
宗業
範綱
兼有
尋有
親鸞
信綱（尊蓮）
高野禅尼
有房
信蓮房
小黒女房
善鸞
覚信尼
広綱
門弟
性信
真仏
順信
唯円
血縁関係
婚姻関係
親密関係

人物相関

法然　長承二年（一一三三）〜建暦二年（一二一二）

親鸞の師。浄土宗の開祖。美作国（岡山県）の武士漆間時国《うるまときくに》の子。時国は、法然九歳の時、近くの武士の夜襲にあって亡くなった。法然は父の遺言に従って出家し、十三歳で比叡山延暦寺に入った。しかし十八歳の時に出世を捨て、念仏者が集まる比叡山西塔の黒谷で隠遁生活を始めた。法然は多数の経典を読み、また戒律を厳しく守る生活を続けた。

承安五年（一一七五）、四十三歳の時、中国唐代の善導の著『観無量寿経疏』により、すべての人々が救われる道は「南無阿弥陀仏」と念仏を称えることと悟った。以後、比叡山を下り、ひたすらに念仏を称える専修念仏を人々に説くようになった。法然の住む吉水草庵には、貴賤上下、多くの人々が集まって来た。その中の一人、関白九条兼実の求めに応じて著したのが『選択本願念仏集』である。また建仁元年（一二〇一）には、親鸞が入門している。

専修念仏の盛んになる勢いに、伝統的な仏教教団は反発し、とうとう承元元年（一二〇七）春、法然は朝廷から四国に流罪とされた。他に門弟四人が死罪に、親鸞ら七人が流罪となった。同年暮には許されたが、京都には帰れず、やっと建暦元年（一二一一）暮に帰京することができた。しかし翌年一月に亡くなった。

日野範綱　一一三〇年代〜一一九〇年代以降

親鸞の伯父。親鸞の父有範の長兄。後白河上皇に仕えた。上皇は久寿二年（一一五五）に即位し、三年後に退位して院政を開始した。そして摂関家に対抗するため、中級貴族で有能な者を積極的に採用した。家学である儒学に能力を発揮していた範綱もこの中に入っていた。

上皇はその後平清盛や源頼朝らと政治的駆け引きを繰り広げ、朝廷の貴族勢力を守っていこうとした。式部大輔の職にあった範綱は、当然のようにその争いの中に巻き込まれ、治承元年（一一七七）の鹿ケ谷事件では平清盛方に逮捕されて拷問の上播磨国に流されている。また文治元年（一一八五）には、頼朝と弟の義経の争いの中で、上皇の側近十余人の貴族が免職されるという事件が起き、兵庫頭範綱もこの中に入っていた。範綱は上皇直属の兵力である西面の武士を統率していたらしい。

やがて復活した範綱は朝廷と幕府との連絡役を務めるなどの活躍をしている。建久二年（一一九一）に、幕府の政所の別当である大江広元に送った書状十五点を見ると、いかに範綱が政治的に重要な役割を果たしていたかが分かる。翌年の建久三年に上皇が亡くなると、時に若狭守であった範綱は出家して上皇に殉じた。

範綱の息子の信綱（出家して尊蓮）は親鸞に帰依して『教行信証』の書写を許され、信綱の息子広綱は親鸞の末娘覚信尼と結婚して覚恵を儲けている。

恵信尼　寿永元年（一一八二）〜文永五年（一二六八）？

親鸞の妻。中級の貴族三善為教の娘として生まれる。恵信尼の祖父と推定される三善為康は熱心な念仏信仰を有し、『拾遺往生伝』『後拾遺往生伝』を編纂し、比叡山黒谷の念仏者たちとも親しかった。恵信尼は、二十歳の時、その黒谷出身の法然の法座で親鸞と知り合った。建仁元年（一二〇一）のことである。やがて恵信尼は親鸞と結婚し、親鸞が越後に流罪になった時にはともに下向した。

越後の生活は七年間で、その間に小黒女房と信蓮房という二人の子どもが誕生した。建保二年（一二一四）、親鸞と子どもたちとともに東国に向かった。親鸞の念仏布教に協力するためである。東国では主に常陸国稲田に住んで家庭生活を管理・運営した。この恵信尼の活動が、浄土真宗の坊守の役割の基礎を作っている。

東国で約十八年間住んだ後、親鸞は六十歳のころに京都へ帰った。恵信尼は五十一歳のころで、京都へは帰らずに越後に移ることになった。そこには親から譲られた領地があったからである。恵信尼が出家したのはこのころではないだろうか。子どもたちも、後に京都で生活するようになった覚信尼を除き、すべて自分の周囲に住まわせている。また領地からの収入で親鸞の生活を助けたものと思われる。恵信尼が七十代のころから京都の覚信尼に送った手紙十通は、親鸞の伝記を知る上でも貴重な史料である。八十七歳以降の恵信尼の消息は不明である。

善鸞　生没年未詳。一二〇〇年代～一二八〇年代後半以降

親鸞の長子。母は恵信尼とは別人であろう。当時の慣例に従って母の実家で育ったと推定され、のちに出家して宮内卿《くないきょうのきみ》公と名のった。この公名《きみな》は、父や祖父あるいは身近な親族の官職から命名することが多い。宮内卿というのは宮内省の長官で正四位下の貴族が就任する職であり、日野家には見当たらないから、善鸞の母方の実家に宮内卿がいたということであろう。

親鸞が越後から東国に住んでいた二十数年間、おそらく京都に住み、二人は会う機会がなかった。親鸞が帰京した時善鸞は三十歳過ぎで、以後親鸞の教えを受けるようになった。東国で念仏の問題が起きた時、それを解決するために善鸞は関東に送られた。しかし親鸞が期待したような成果が上がらなかったことは確かである。ただこの善鸞事件を現代からどのように見ればよいかについては、本書の最初に述べた。

善鸞は京都に戻ることもあったようであるが、その活動の舞台は主に東国であった。善鸞が常陸国の豪族小田氏の行列に騎馬で従い、父親鸞からもらった名号を首から下げ、しきりに念仏を称えていたことを覚如が目撃している。善鸞の影響はその後も東国に残った。

覚信尼　元仁元年（一二二四）～弘安六年（一二八三）

親鸞と恵信尼の末娘。覚信尼は親鸞が五十二歳の時に誕生した。親鸞が帰京して後、覚信尼も京都に上り、太政大臣久我通光《こがみちてる》の屋敷に仕えるようになった。まもなく日野広綱と結婚し、嘉禎三年（一二三七）に長男の覚恵を生んでいる。その後、広綱との間には娘の光玉が誕生した。広綱は建長元年（一二四九）ころに亡くなった。

覚信尼は最晩年の親鸞の面倒を見ていた。そして弘長二年（一二六二）に親鸞が亡くなった時は、覚信尼はその葬儀を中心になって取り仕切った。その後に結婚した小野宮禅念との間に、文永三年（一二六六）二

男唯善が生まれた。同九年（一二七二）には親鸞の墓を自宅の敷地内に移し、東国の門弟の資金により堂を建て、親鸞の坐像を安置している（親鸞廟堂）。禅念没後、恵信尼は敷地を東国の門弟に譲り、親鸞廟堂の管理権（これを「留守」と称した）を委任してもらった。やがて「留守」を長男の覚恵に譲ることも承認してもらった。覚信尼は、特に財産のない一家の生活安定を願ってこのような処置をとったが、やがて孫の覚如によって親鸞廟堂は本願寺とされ、本願寺教団発展の基礎となっていった。

覚信尼は越後に住む母恵信尼との間に細やかな交情があった。それは現在に残る恵信尼から覚信尼へ送った手紙十通によって推測することができる。

覚恵　嘉禎三年（一二三七）～徳治二年（一三〇七）ころ

日野広綱と覚信尼との間の子。親鸞の孫。七歳で父を失い、出家して宗恵と名のって天台宗を学ぶことになった。母方の祖父が僧侶であれば、孫は出家するのが当時の慣行であった。出家したのは比叡山延暦寺の有力な末寺である青蓮院《しょうれんいん》である。京都東山にある。公名は中納言阿闍梨《あじゃり》であった。覚恵は、天台宗の中でも主に密教を学んだ。仏教歌謡を歌うのが得意であったという。

覚恵はやがて比叡山東塔の善法院院主であった尋有《じんぬ》の門に入った。尋有は権少僧都《ごんのしょうそうず》で、中台執行《しぎょう》兼常《じょう》行堂検校《ぎょうどうけんぎょう》という職にあった。また尋有は親鸞の弟で、親鸞が最晩年に寄宿していたのが善法院の京都市中の子坊である善法坊であった。覚恵からみれば、尋有は大叔父にあたる。しかし覚恵は天台宗の中での活動をあきらめ、自宅に帰った。

やがて腹違いの弟唯善が成人し、親鸞廟堂の敷地が実父小野宮禅念の所有地であったことを根拠に、廟堂の管理権（「留守」）を譲るように求めてきた。これは長期の裁判闘争となり、覚恵は息子の覚如、孫の存覚の協力のもとに唯善と争った。しかし覚恵は元来がやさしい性格で、廟堂の鍵を唯善に渡して家を出るなどのこともあった。この争いのさなか、覚恵は病を得て亡くなった。

江戸時代以降の浄土真宗に、ひたすら念仏のみに生きる妙好人《みょうこうにん》の存在があるが、覚恵はまさにその妙好人のさきがけの人物だったようである。

蓮如　応永二十二年（一四一五）～明応八年（一四九九）

本願寺第八世。京都東山大谷の本願寺で誕生した。そのころの本願寺は非常に貧しい時代で、蓮如は四十三歳で本願寺を継ぐまでかなり不遇の生活を送った。

この中で蓮如は一心に勉強した。親鸞の『教行信証』は常に読み、他の経典や解説書なども広く深く学んだ。また浄土真宗の他の寺々、たとえば下野国の専修寺や京都の仏光寺などの繁栄ぶりを見て、なぜそうなのかを研究した。その中で父や叔父の如乗は蓮如の才能を見抜いて、将来を期待していた。

蓮如は本願寺の後継者になると、苦労しながら本山の立場にあった延暦寺の圧力を巧みにかわし、地方に出かけて積極的に門徒の数を増やした。また朝廷や幕府に対しては、外交能力にたけた長男順如に交渉を担当させて本願寺の存在感を増すことに成功した。

蓮如の説く信仰の魅力は親鸞以来の同朋思想であろう。阿弥陀仏の前では皆平等という考え方である。それは下剋上と呼ばれる、仲間を重んじて上下関係を軽んずる当時の風潮に合致したものと考えられる。北陸・東海・中国などで、領主に対抗する一向一揆が盛んになったのも、この思想に基づいている。蓮如は明応八年に八十五歳をもって亡くなった。

性信　文治三年（一一八七）～建治元年（一二七五）

親鸞の門弟。坂東報恩寺の開基。後に親鸞門弟二十四輩の第一とされた。報恩寺の寺伝によると、性信は常陸国鹿島郡で鹿島神宮の神主の一族に生まれたという。紀伊国の熊野神社参詣の時の夢告により、十八歳で京都の法然の門弟となり、その指示で親鸞に教えを受けるようになった。親鸞が越後・東国と移動するにあたっては、それにつき従い、東国での念仏布教では大いに助けたという。

親鸞は性信をあつく信頼していた。親鸞が京都に帰るにあたっては、箱根まで見送り、そこで『教行信証』を与えられ、それが報恩寺に伝えられた坂東本『教行信証』であるとされる。坂東本は唯一の親鸞真筆の『教行信証』である。また性信自身の著作として、「真宗聞書」があった。

性信は下総国横曾根に本拠を置き、大きな門徒集団を育成した。これを横曾根門徒という。その本拠にあった念仏道場が、後に報恩寺と呼ばれるようになった。この門徒集団には真言宗の影響が認められる。茨城県常総市報恩寺の性信墓地に建つ「性信荼毘塔」の銘文には性信が建治元年に亡くなったとあるが、『教行信証』の奥書によれば建治元年は生存中である。性信の没年はまだ確定してはいない。

真仏　承元三年（一二〇九）〜正嘉二年（一二五八）

親鸞の門弟。高田専修寺の開基とされる。真仏は常陸北西部から下野国南部にまたがる大豪族大内氏の出身で、椎尾《しいお》弥三郎春時という武士であったという。大内氏もその経済力で親鸞を支えた。

親鸞が京都に帰ってからも、真仏が熱心に教えを受けようとする態度は変わらなかった。ある親鸞の真仏宛ての手紙には、真仏が他力と自力について質問したことが記されている。「他力の中に自力はありますか。他力の中にまた他力ということはありますか」などという質問である。真仏自身が周囲の人たちから尋ねられたのであろう。またある時、親鸞は「銭二十貫文、確かに、確かにいただきました」と真仏に感謝する手紙を送っている。銭二十貫文というのは、米なら二十石買える。当時は一日二食なので、一回に二合食べるとしても五千日分を賄える計算になる。

真仏は高田地方を中心として勢力を広げた。その門徒集団を高田門徒という。門弟の顕智は専修寺を継いで第三世となり（親鸞を第一世とする）、同じく専信は三河国（愛知県）で和田門徒を育てた。また同じく源海は武蔵国（埼玉県）で荒木門徒を作り、源海の門下の了海は武蔵国（東京都）で阿佐布《あざぶ》門徒を展開させている。

このように活躍した真仏であったが、正嘉二年、五十歳で親鸞に先立って亡くなった。

顕智　嘉禄二年（一二二六）～延慶三年（一三一〇）

専修寺開基の真仏の門弟。親鸞の教えも直接受けている。顕智誕生の嘉禄二年は、親鸞が布教のために高田に入った翌年である。顕智は真岡城主大内国春の子と伝えられている。専修寺は下野国芳賀郡大内荘にあり、大内氏は常陸から下野国にかけての大豪族である。

顕智は高田門徒の発展に尽くした。また高田と京都とを何度も往復して親鸞の教えを熱心に受けた。二人の親しさを示す史料として、「自然法爾章《じねんほうにしょう》」がある。これは顕智の親鸞からの聞き書きである。正嘉二年（一二五八）十二月、京都に八十六歳の親鸞を訪ねた顕智は、親鸞の教えの真髄を聞き、それを記録として残した。それが「自然法爾章」である。念仏の行者は自力のはからいを捨て、阿弥陀仏の教えに従うようにということを説いている。阿弥陀仏の、人間すべてを救おうとの誓いを信じることを強調しているのである。

弘長二年（一二六二）に親鸞が亡くなった時には、覚信尼に協力してその葬儀を行った。またその後も覚信尼をはじめとする遺族を助けている。

順信　生没年未詳。

親鸞の門弟。順信房信海と名のった。常陸国鹿島神宮の大宮司出身といい、俗名は大中臣信親または信広であったという。順信は鹿島郡の無量寿寺（茨城県鉾田市）を中心にしてしだいに門弟の数を増やしていった。その門徒集団を鹿島門徒と称している。鹿島神宮の信仰と摩擦を起こさない形で信仰生活が行われた気配である。

弘長二年（一二六二）、親鸞が京都で亡くなったあと、順信は高田門徒などとともに覚信尼・覚恵らの遺族を守り続けた。時には京都も訪れている。そのことは弘安五年十一月二十四日付の覚恵（専証房）宛ての手紙等で判明する。

順信には『信海聞書《しんかいききがき》』（仮題）という著書がある。親鸞からの教えを文章にしたという内容である。また

『順信ノ筆記』『下野縁起』という著書もあったという。

唯円　貞応元年（一二二二）または寛喜元年（一二二九）ころ〜正応元年（一二八八）ころ

親鸞の門弟。河和田報仏寺の開基。『歎異抄』の著者とされる。唯円の生没年はまだ確定していないが、いずれにしても一二〇〇年代に活躍した人物であった。

また唯円の出身についても、北条平次郎と名のる無教養で乱暴な武士説をはじめ（報仏寺寺伝）、山伏であったという説、親鸞の遠縁であった（覚信尼の二番目の夫である小野宮禅念の前妻の子。つまり親鸞の義理の孫）という説などがある。

唯円の墓所は奈良県の立興寺にある。

コラム

小説のなかの親鸞

吉川英治『親鸞』上巻・中巻・下巻、講談社、昭和二十三年

この小説は、親鸞の京都時代から関東時代までを軸として構成されている。三巻本という長編であるけれども、全体の三分の一以上の分量が京都時代にあてられている。構成も、例えば中巻に「女人篇」「大盗篇」「恋愛篇」「同車篇」「法敵編」などとあるように、昔懐かしい名称の舞台を設定し、伝奇的な手法も駆使したおもしろい小説である。そこでは親鸞が悩みながらも未来に向かって進んでいる。

筆者は、下巻「田歌篇」の「第二の華燭」の項で次のように常陸下妻の環境を説明し、そこにわらじを解いた親鸞に次のように語らせている。

この地方の――大利根の流れと、赤城おろしと、南は荒い海洋に接している下総境の――坂東平野をしづかにながめ、ここにまだ、文化のおくれている粗野な人情と、仏縁のあさい飢えたる心の民衆を見出して、

（われここに杖を立てん）

と、親鸞はひそかな誓ひと覚悟を抱いた。

第二次大戦後の荒廃した社会を生きる人々に、親鸞はやわらかい表現ながら、生きるべき道を指し示していたのである。

丹羽文雄『親鸞』第一巻〜第三巻（新潮社）

（『サンケイ新聞』昭和四十二年五月〜四十四年九月連載）、新潮文庫

親鸞の幼少時代は松若丸と呼ばれたという説がある。この小説では、その松若丸の時代から、出家、比叡山での修行、京都、越後、関東また京都と、親鸞の一生を描いている。その間、親鸞は源平の争いや法然・慈円・明恵・日蓮あるいは門弟たち等の人間群像のなかで悩み、苦しみながらも生きていく姿が描かれている。もちろん、妻の恵信尼や息子の善鸞との関係についても心を込めて描かれている。

筆者は、本書第三巻「稲田」の項で、親鸞を東国に案内した井上善性なる人物に次のように語らせている。

関東の武士たちは（源平の争い等で破れた者たちが関東の平野にごろごろしていて）精神的な救いもなく、ときには野盗になったり、ゆきあたりばったりの生活をおくっております。絶望におちている野武士的な存在です。それがまた弱い農民に皺寄せされているのです。

そしてそれについて親鸞は次のような感想を抱いたとされる。

未開の東国には無救の民がいかに多いかということが、親鸞にはこれまでの越後生活で十分に想像がつくのだった。

この小説は筆者のライフワークで、筆者は「この長篇で可能なかぎり親鸞の人間性を追求した」ものである（本書「あとがき」）。「無救」は筆者の造語のようである。

津本陽『弥陀の橋は―親鸞聖人伝―』上、下（文春文庫、平成十六年一月）

（『読売新聞』平成十二年六月〜十三年九月連載）

筆者は、親鸞の伝記や時代背景について、多くの社会経済史の史料や説話文学、さらには教学研究の成果吸収に努力しつつ、小説を作り上げている。親鸞の一生九十年を諸資料をもとに検証するという内容にも読める。そこでこの小説の親鸞は、歴史の中を生きているように見えるのである。

筆者は本書上巻「関東へ」の項で、関東について次のように親鸞に語らせている。

親鸞は野面を見渡す。利根川、鬼怒川に近く、運河も縦横に通じているので田畑はさほど痩せ枯れてはいない。

また性信が、

常陸には、薬師如来、十一面観音、毘沙門天をまつった寺が多うございます。

と述べたことに対し、次のように親鸞に語らせている。

――儂《わし》がどれほどの念仏の種を、植えつけることができようか――

親鸞は、乾燥した大気のもとに広がる、黄ばんだ土に視線をおとした。それは京都の風土とは異なっていた。

筆者本人が文中で顔を出し、引用史料の解釈について意見を述べているところも多い。読者もそれについて考えることになる。小説の一つの手法であるが、主人公が親鸞と作者、そして読者と、三人いるような結果にもなる。

五木寛之『親鸞』『親鸞・激動編』（講談社文庫）（『親鸞』は地方新聞二十四紙に平成二十年九月～二十一年八月、『親鸞・激動編』は地方新聞四十三紙に平成二十三年一月～十二月の間同時連載）

この小説は、非常の多くの地方紙に同時連載という、新しい試みで発表された。『親鸞』は幼時から越後流罪の三十五歳まで、『親鸞・激動篇』では越後・関東時代から京都に帰るまで六十歳ころまでを描いている。登場人物の描き方が多種多彩でおもしろく、冒険小説のように親鸞に危害を加えようとする悪漢が出てくるかと思えば、あわやという時に現れて親鸞を助けるスーパーマン的人物も配置されているという具合である。

この中で、親鸞は自分はどう救われようもない悪人であるという悩みをずっと持ち続けて生きている。悩みを乗り越え、精神的な豊かさに生きようとするけれども、なかなか思うようにはいかない。

しかし作者は、『親鸞』下巻「愚禿親鸞の海」の項で、流罪で越後に流される船中、水平線に沈む太陽について「ごらんなさいませ。あの夕日の大きなこと」と恵信尼にいわれた親鸞が次のような感想を持ったと記している。

そのとき、親鸞は心のなかに、怒涛のようにわきあがってくる念仏の響きを感じた。その響きは、沈みゆく夕日を追うように、海を越え、燃えあがる空にはてしなくひろがっていくのだった。

豊かではあるけれども財政破たんが近いのではないかという不安と、何が正しい事かという価値観が揺らいでいる現代人に、この小説の親鸞は、悪人としての自覚を迫ってきている。その意味で親鸞は現代によみがえっている。そして親鸞は、やがては悪人正機の心境に至るのだろうと期待させる。

本書にはまだ京都に帰ってからの親鸞が描かれていない。

II

親鸞の教え

一念仏

専修念仏　親鸞は九歳から二十九歳まで、二十年間にわたって比叡山延暦寺で天台宗の修行を積んだ。天台宗では、経典を読んで仏の智慧を身につけ、また体を使って仏の境地に達することを目的としている。そのためには長い苦しい年月を費やさねばならない。天台宗を日本にもたらした伝教大師最澄は、「山家学生式《さんげがくしょうしき》」*を作り、いったん修行のために比叡山に登ったならば、三十年間山を下りてはならないとした。

しかし親鸞は比叡山での修行がうまくいかなかった。さればと次の世での極楽往生を願っても、その確信も得られなかった。苦しんだ果てに、京都・吉水草庵の法然の門に入った。

法然は、吉水草庵において、もう二十年以上にわたって専修念仏を説いて人気を博していた。親鸞は百日間法然のもとに通って、天台教学とは百八十度異なる専修念仏の道に入ったのである。その様子を、妻の恵信尼は、後年に娘の覚信尼に送った手紙の中で、

（法然上人は）次の世において、善人であっても悪人であっても区別なく極楽往

＊ **山家学生式**　弘仁九年（八一八）成立。「山家」は天台宗のこと。南都仏教に対して天台宗の修行規定を明確にして一宗独立を宣言したもの。

生するための方法ただ一つの道を、ひたすら説いて下さいました。

と伝えている。その「道」が専修念仏であった。

法然は十三歳で比叡山に登り、さまざまな修行をして、何万点もある経典やその解説書を何度も読破したという。そして四十三歳の時に唐の善導《ぜんどう》*の著『観無量寿《かんむりょうじゅ》経疏《きょうしょ》*』のなかに、「ひたすら阿弥陀仏の名を称えて、行住坐臥《ぎょうじゅうざが》（歩いている時も、立ち止まっている時も、座っている時も、横になっている時も）、時間のことを考えずに、一瞬も途切らすことなくそれを続けることこそ、極楽往生の道である。これこそ阿弥陀仏が人々のために願ってくれた方法である」とあるのを発見し、「すぐさま、他のすべての修行の道を捨て、念仏の身の道に入った」（『選択本願念仏集』）のである。

法然が探し求めていたのは、寺院に喜捨もできない貧乏な者、経典を理解する能力のない者、説法を聞く余裕のない者、戒律を守れる状況にない者、このような人たちは従来の仏教の立場からいえば仏の救いにあずかることはできない。しかしそのような人々は無数にいる。ところが阿弥陀仏はすべての人々を平等に救おうという慈悲の心から、さまざまな修行（万行）の中から称名念仏ただ一行を選び取って本願とした。念仏を称えることなら、誰にでもできる。百人が百人、皆等しく極楽往生できる。これは法然が「選択《せんじゃく》（選び択《と》る）」*したものであるけれど、それはすでに阿弥陀仏によってなされていた。さらに阿弥陀仏の選択であるばかりではなく、釈迦仏やその他の仏たちの選択でもあった。

* **善導**　六一三～六八一。中国浄土教の大成者。日本の法然に大きな影響を与えた。主著は『観無量寿経疏』。

* **『観無量寿経疏』**　『観無量寿経』の注釈書。他力の解釈を重点的に説く。

* **選択**　鎌倉時代の仏教では、「選択」とともに「選捨」という言葉もよく使われた。悟りあるいは極楽往生には必要ない修行として選び、捨てていく作業のことである。

以上が、親鸞が法然から学んだ専修念仏の教えである。親鸞はその専修念仏の教えを、後に妻となる恵信尼とともに学んだのである。

信　心

〝信ずること〟や〝信ずる心〟はどんな宗教でも必要である。それがなければ宗教は成立しない。しかし親鸞の念仏の教えでは、特に「信心」が強調されている。例えば『歎異抄』の第一章の冒頭に、「阿弥陀仏がすべての人々を救おうという誓い（阿弥陀仏の誓願、または本願という）の、考えることもできない大きな力に助けられて、極楽往生を遂げられると信じて、念仏を称えようという心が起きた時、すぐさま、捨てられることのない阿弥陀仏の恵みをいただくことになります」とある。

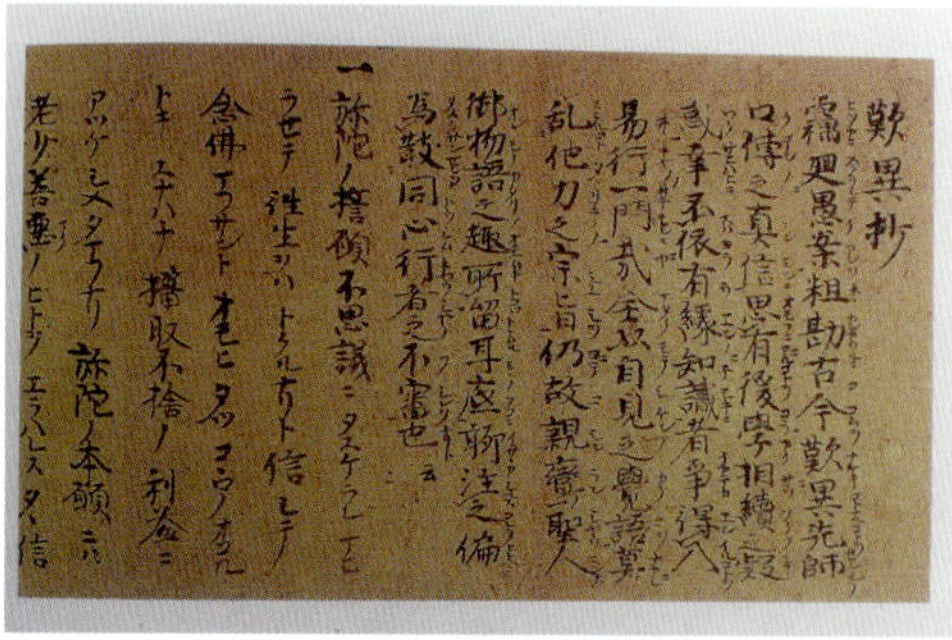
歎異抄
西本願寺

それを原文では、

弥陀の誓願不思議にたすけられまいらせて、往生をばとぐるなりと信じて、念仏まうさんとおもひたつこゝろのおこるとき、すなはち、摂取不捨の利益にあづけしめたまふなり。

と述べている。

つまり、信心こそ必要であって、それなしで念仏を称えても意味がないのである。信心があれば、おのずから「南無阿弥陀仏」と口をついて称えられるというのである。その信心は法然から学んだものであった。それは『歎異抄』第二章に、「阿弥陀仏の本願が真実ならば、釈迦の教えは嘘のはずはありません。釈迦の教えがほんとうならば、善導は嘘の解釈をするはずがありません。善導の解釈がほんとうなら、法然が仰ったことは嘘のはずがないでしょう。法然の仰り方がほんとうならば、私親鸞のいう内容も、嘘になってしまうはずがありませんよ。結局のところ、私の信心はこのようなものなのです」この最後の部分は、原文に、

法然の仰せ、まことならば、親鸞がまうすむね、またもて、むなしかるべからずさふらふか。せんずるところ、愚身の信心にをきては、かくのごとし。

として示されている。親鸞は直接的には法然を信ずることによって阿弥陀仏への信心を確固たるものにしたのである。

親鸞八十五歳の時の「正像末浄土和讃」*全五十八首は、親鸞の最晩年の信仰の境地を示している。その前に、別に一首の和讃を置いていることが注目される。それはその八十五歳の正嘉元年（一二五七）二月九日夜の寅《とら》の刻に、夢告として与えられたとして、

弥陀の本願信ずべし
本願信ずるひとみな
摂取不捨の利益にて

＊　正像末浄土和讃　釈迦没後、正法の時代・像法の時代は過ぎた。今は社会は乱れ、人々の悟りへの能力は衰えた末法の時代である。そこで阿弥陀仏の本願を信じて念仏を称えるほかはないと、念仏を勧める内容となっている。

無上覚をばさとるなり

「阿弥陀仏の本願を信じましょう。本願を信ずる人は、皆、救い上げて捨てないという阿弥陀仏の恩恵を受けて、この上ない救いの境地に達することができるのです」、と記されていることである。親鸞は最晩年に至るまで、法然から学んだ信心を大切にしていたのである。

師匠としてのあり方

法然の門弟にはさまざまな人たちがいいた。身分でいえば、上は摂政から関白に昇った九条兼実や、その娘で後鳥羽天皇の中宮であった任子らの貴族。坂東の荒武者として知られた熊谷直実や下野国中部・南部から常陸国笠間にかけての大豪族であった宇都宮頼綱らの武士。天台宗の僧侶証空《しょうくう》*、聖光、幸西、長西、隆寛《りゅうかん》*ら。耳太郎（『法然上人行状画図（四十八巻伝）』に出る）らの文字も読めない庶民。天台座主であった顕真《けんしん》*でさえ、法然の専修念仏に感動している。

専修念仏は教養のない者・貧しい者のためであったはずなのに、なぜこのようにさまざまな身分の者たちが法然を師匠として慕ったのであろうか。しかも法然は親鸞が入門してくるまででも、二十年余りの長きにわたって吉水草庵で教えを説いていた。ここはまさに延暦寺のお膝元なのにである。これは法然がすぐれた師匠であったからである。親鸞はその〝師匠としてのあり方〟を法然から学んだと考えられる。

九条兼実は、法然の魅力を「僧侶たちの多くは戒律を守らず、ふしだらな生活を

---

* **証空**　のちに浄土宗西山派の派祖とされた。
* **隆寛**　五十代後半以降の親鸞が重視した『唯信抄』の著者。
* **顕真**　一一三一～九二。顕密ともに修め朝野の帰依をうけた。文治二年（一一八六）、法然を洛北の大原に招いて専修念仏を説かせた。これを大原談義または大原問答という。のち天台座主となる。

しているのに、法然は厳しく守っている」ところにあるとしている（『玉葉』）。僧侶の修行生活の基本は戒律を守ることにあるはずである。飲酒をしないとか、異性と交わらないとか、などである。それに、戒律を厳しく守っている者は、病気治療などの現世利益的な能力も高いとされていた。晩年の兼実やその妻の兼子は病気がちであったので、発病のたびに法然を招いていることがその日記『玉葉』に記されている。兼実は専修念仏説の真髄を『選択本願念仏集』*としてまとめてもらっている。

天台座主であった顕真が法然に感動したのは、法然が専修念仏について、「あなたがた悟りへの能力のある人はどうぞ従来どおりの天台宗の修行をなさってくださ い。私どものような能力のない者は阿弥陀仏に助けてもらうほかはないのです」と穏やかな表現で示したからである。

『歎異抄』第二章に、親鸞は「私は、ただ念仏を称えて阿弥陀仏に助けていただきましょう」と述べ、その理由を

よきひとの仰をかふむりて、信ずるほかに、別の子細なきなり。

「よきひと法然の教えのとおりにする以外に、念仏を称える特別の理由はありません」と説明している。つまり、師匠である法然の人間性をひたすら信頼しているのである。

また親鸞は妻の恵信尼にも、「法然上人が行かれる所ならば、他人はいかに謗ろうとも、たとえ地獄などへ行かれるのであっても、これから先のいつの世であって

＊『選択本願念仏集』　建久九年（一一九八）の成立。「選択」を浄土宗では「せんちゃく」と読み、浄土真宗では「せんじゃく」と読む。

も私は迷うことなくついていきます」と述べていた（恵信尼の手紙）。

親鸞が関東で師匠としての立場に立った時、思い出したのは法然から学んだ〝師匠としてのあり方〟であったであろう。それは教理をひたすら説くのではなく、人間性を示して相手に信用してもらうという方法である。称えても病気が治るわけでもなく、畑の虫が逃げるのでもない。その念仏を親鸞が広めることができたのは、親鸞自身がよい人間性を持ち、よい生活をしている、それは専修念仏に基づいているから、と関東の人々に示したからと考えられる。

観想念仏と称名念仏

念仏といえば、現代社会では〝「南無阿弥陀仏」の名号を声に出して称えること〟であるとすることが普通である。しかし本来は〝仏を念ずること〟であって、「南無阿弥陀仏」などと称えることではなかった。

仏はそれぞれ自分の浄土を持っている。たとえば薬師如来《やくしにょらい》（薬師仏）なら瑠璃光《るりこう》浄土であり、釈迦《しゃか》如来なら霊鷲山《りょうじゅせん》浄土である。観音菩薩は、仏に成ることをめざして修行中の身である「菩薩」なのであるが、浄土を持っているともされる。それは補陀落《ふだらく》浄土といわれる。これに対して、阿弥陀仏の浄土を極楽浄土という。したがって「極楽」浄土は、無数に存在するとされる仏のなかの阿弥陀仏だけの浄土なのである。そして瑠璃光浄土は東方にあり、補陀落浄土は南方にあるのに対して、極楽浄土は西方にあるとされた。西方十万億土のかなたにあるといういい方もされた。

弥陀仏の救いを説く代表的な経典の一つが『無量寿経《むりょうじゅきょう》』である。「無量寿」とは阿弥陀仏の別名である。阿弥陀仏に救われれば無量の寿命すなわち永遠の命が与えられる、というところからきた別名である。この経典では、阿弥陀仏の光り輝く姿と、すばらしい極楽浄土のありさまが述べられている。その極楽浄土に迎えられるにはどうすればよいか。そのもっとも基本的で代表的な方法が「無量寿を観《み》る」ことである。

すなわち、阿弥陀仏の姿と極楽浄土のありさまを心のなかに、目の前に、観ることができれば極楽往生疑いなしとされた。その方法を説いたのが『観無量寿経』である。たとえば目を開けていても閉じても、阿弥陀仏の姿が見えるようにするという訓練方法などがたくさん述べられている。その一つに、「日想観《にっそうかん》」といって夕方に海に沈む直前、赤々と燃える太陽を観つつ、それを極楽浄土のありさまと重ねる方法などもある。これらが観想念仏である。

観想念仏による極楽往生を説いた日本の代表的な著書が、源信《げんしん》*の『往生要集《おうじょうようしゅう》』である。そこには地獄の恐ろしさと極楽のすばらしさが述べられ、観想念仏によって極楽に迎えられるべきことが強調してある。

しかし観想念仏によって阿弥陀仏と極楽浄土を観るのは難しく、誰にでもできるわけではない。経典には、他に、阿弥陀仏の名を称えることによっても救われると記されている。称名念仏である。しかし観想念仏は勝行《しょうぎょう》、称名念仏は劣行《れつぎょう》とされ

＊ 源信　九四二～一〇一七。天台宗の僧。日本浄土教の基礎を築いた。

ていた。勝行というのは、悟りを得るため、または極楽往生のために勝れた効果があるとされた行である。劣行は、ほとんど効果がないけれど、やらないよりはましという程度とされた行である。なんと称名念仏は劣行であった。

そのなかで善導は『観無量寿経疏《しょ》』のなかで、称名念仏は観想念仏と同じような効果があるとしたのである。法然はそれを読んで、称名念仏こそ勝行、しかも他の勝行を差し置いて称名念仏こそ唯一の勝行としたのであった。それが通称、専修念仏といわれているものである。

もっとも、平安時代後期の貴族社会では、すでに念仏を称えることが流行していた。それは専修念仏ではなく、「朝題目、夕念仏（朝には一日の繁栄を祈って法華経の題目を唱え、夕べには極楽往生を願って念仏を称える）」というように、他のいろいろな行の一つとしてであった。

一念義と多念義

法然は『選択本願念仏集』の最後に、「阿弥陀仏の名を称えれば、必ず極楽浄土に往生することができます」

名を称すれば、必ず生ずることを得。

と説いた。

それなら念仏は何回称えればよいのだろうか。法然は熊谷直実《くまがいなおざね》に送った手紙である「熊谷直実入道蓮生《れんせい》へつかはす御返事」の中で、「念仏を三万回、または五万回、もしくは六万回、心を込めて称えることこそ、極楽往生を確実にする行いです」と説いている。一枚《いちまい》起《き》請文《しょうもん》*にも、「念仏を信じている人は（中略）ただひたすら念仏を称えましょう」と述べてある。

　念仏を信ぜん人は（中略）只一かうに念仏すべし。

では念仏は必ず非常に多くの回数を称えなければならないかというと、法然はそう決めつけているのでもない。黒田の聖人（どのような人物であったかは未詳）という人物に送った手紙（黒田の聖人へつかわす御消息）の中では、「念仏というものは、一回でも十回でも虚しいことはないと信じて、ずっと絶え間なくお称えなさい。一回称えるだけでも往生できるのですから、多くの回数を称えれば往生できないはずがありません」として、

　一念なほむまる、いかにいはむや多念をや。

と述べている。

法然は多くの行の中から専修念仏を選択することに全精力を傾けたようにみえる。念仏の回数はほとんど問題にしていなかったのである。しかし法然から学ぶ門弟たちの間では、しだいに回数が問題になり、それが一念義と多念義の争いに発展した。

親鸞自筆六字名号
新潟県上越市・浄興寺

一念義とは、念仏は一回

* **一枚起請文**　建暦二年（一二一二）、法然が入滅直前に極楽往生のための重要な内容を記したもの。

信心を込めて称えればそれでよし、とするものである。この一回の念仏において、阿弥陀仏の智慧とそれを称えた人とが一体となって極楽往生できるとした。その後に必要なのは信心で、念仏はもう必要ないとするのである。これは法然門下の幸西《こうさい》（一一六三〜一二四七）の説である。一念義は一念往生ともいう。念仏を一回称えれば極楽往生できる、という意味である。

これに対し、多念義を説いたとして知られている者に同じく法然門下の隆寛（一一四八〜一二二七）がいる。隆寛は、念仏は称え続けるべきであるとした。それを長楽寺流という。彼は京都東山の長楽寺（現在は時宗に属している）に住んだからである。多念義は多念往生ともいう。

ただし隆寛は一念往生を否定したわけではない。念仏を何回も称えるのは意味がないという多念無用論に反対して、多念義を主張したのである。さらに隆寛が強調したかったのは、師匠法然の専修念仏は一念往生・多念往生のいずれにも偏っていない念仏往生である、ということであった。それは彼の著『一念多念分別事』に示されている。

関東の親鸞の門下でも、一念義・多念義の争いが発生した。親鸞はそれを鎮めるために『一念多念文意』を著した。これは隆寛の『一念多念分別事』の意を受け、易しい文章で解説をつけ加えつつ著したものである。『一念多念文意』の最後に、「一念・多念の争いがあってはならないことを推し量ってください。浄土真宗のあり方

隆寛の墓所
神奈川県厚木市飯山・光福寺

では「念仏往生」というのであって、まったく「一念往生・多念往生」というのではありません」と述べている。

信心の念仏

親鸞の念仏は、回数は問題ではないのであるが、その根底には信心が必要であった。法兄聖覚が『唯信抄』* を著すと、親鸞はさっそくこれを書写して門弟に与えている。『唯信抄』は、法然の専修念仏説を、信心を強調して理解したものである。やがて親鸞は七十八歳の時『唯信抄』の注釈書を作成し、『唯信抄文意』（建長二年（一二五〇）の執筆）と名づけて門弟たちに与えている。そこには、「本願他力をたのんで自力をはなれることを唯信といいます」などとある。

二 往生

社会の動揺

ところで、仏教はもともとさまざまな種類の修行をして悟りに至る宗教であった。日本においても、奈良時代には学問をして仏の悟りに近づくのが主流であった。奈良時代に栄えた六つの宗派である華厳宗《けごんしゅう》・倶舎宗《ぐしゃしゅう》・律宗《りっしゅう》・法相《ほっそう》宗《しゅう》・三論宗《さんろんしゅう》・成実宗《じょうじつしゅう》、いわゆる南都六宗では経典を学ぶことに重点を置いた。そこから得られる仏の智慧を身につけようということである。平安時代に中国からも

＊『唯信抄』 承久三年（一二二一）成立。寛喜二年（一二三〇）の親鸞の写本がある。

たらされた天台宗・真言宗いわゆる平安二宗では、それに加えて体を使っての修行で直接仏に近づこうという方法も強調された。密教である。密教とは、経典などの文字には示されていない秘密の教えという意味である。

密教は、はじめ空海によってもたらされた真言宗で強調され、後には最澄によって伝えられた天台宗にも取り入れられた。真言宗の密教を東密といい、天台宗の密教を台密といっている。ちなみに経典を学ぶ修行は顕教といわれた。経典の文字として顕かに示された教え、ということである。

皇族・貴族をはじめとする俗人は、修行に励む僧侶を経済的に援助し、修行が成った僧侶に導いてもらうのである。

しかし修行が成るのはなかなかむずかしい。一方では十世紀、つまりは平安時代の後半から社会は大きく変わり始めた。貴族社会では藤原氏が摂政や関白として政権を独占する傾向が強まった。十一世紀初頭の摂政藤原道長*がその代表的な例である。他方では、権力者の集団から落ちていく貴族も多かった。彼らはこの世に希望が持てず、次の世で極楽浄土往生に期待をかける傾向が強まった。また地方では武士たちが成長し、貴族の支配を脅かすようになった。社会の動揺の程度は激しくなり、治安の乱れも各地で見られるようになった。

末法思想　十一世紀に入ると、末法思想による不安が貴族社会を覆い始めた。末法《まっぽう》思想というのは、社会がもっともよい状態であったのは釈迦在世時で、その没

＊　**摂政藤原道長**　九六六～一〇二七。「此の世をば我が世とぞ思ふ望月の　かけたることもなしと思へば」という和歌は、自身の勢力の絶頂を自慢したものとして有名である。『大鏡』や『栄花物語』によってその活躍の様子が分かる。

後しだいに悪化するという歴史観である。将来に対する悲観的な見方である。釈迦の教えの保たれ方と、それに基づいて修行する僧侶の質、および教えが正しいことを証明する悟りを得る僧侶の多さを基準に判断する。これらは、それぞれ教・行・証といわれている。

末法思想では、釈迦没後五百年または千年を正法時《しょうぼうじ》または正法といい、その後の五百年または千年を像法時《ぞうほうじ》または像法という。さらにその後を末法時または末法という、これは万年（一万年）続くとする。

正法の世は、教・行・証がいずれも充実しているよい世の中であるという。次の像法の世は、正法の世に像《に》（似）ている世という意味である。釈迦の教えはよく残り、修行する質の高い僧もまだいるが、しかしなかなか成果があがらない。すなわち「証」にも衰えがみられ、一般の人々は十分に導いてもらえないということになる。

末法の世では、「証」にあわせて「行」も衰える。「教」は残っているが、まともに修行する僧はいなくなり、世の中はさらに悪化するというものである。日本で末法*の世に入るのは永承七年（一〇五二）であるとされた。

末法思想は単に悲観的な歴史観というだけではなく、像法・末法などそれぞれの時期に生まれ合わせた僧侶たちの修行の奮起を促す意味を持っていた。さらにはそれぞれの時期に相応した教理の工夫も求めていた。中国の善導は、末法に相応した教えは浄土教すなわち阿弥陀信仰のみであるとしている。中国の仏教界で末法思想

＊末法　末法思想は経典に記されているのであるが、正法・像法・末法と三段階そろって記されている経典はない。正法・像法または像法・末法という二段階が諸経典に散見しているだけである。

が大きな問題になったのは、日本より数百年早かったのである。

いってみれば、末法思想というのは僧侶の世界だけの問題であったのだが、日本では貴族等の俗人も巻き込んだ社会思想となった。それは、前述したように、平安時代後期は社会の大きな変動期であったからである。貴族たちは、武士が勃興し、自分たちの勢力が衰えていくのをひしひしと感じ、それを末世であると捉えたのである。そして末世と末法とを重ね合わせ、そこからの救いを仏教界に強く求めるようになった。その目的で南都北嶺（南都は奈良、北嶺は比叡山）を中心とする諸寺院に多くの寄進を繰り返した。その結果、僧侶たちは横暴になり、神輿《しんよ》（延暦寺守護の日吉明神が鎮座しているとされた）・神木《しんぼく》（興福寺守護の春日明神が鎮座しているとされた）を担いで京都になだれこみ、無茶な政治的・経済的要求を皇族・貴族に押し付けた、仏教界も大変乱れた、と従来の説ではいわれてきた。

しかし恐らくそうではあるまい。〝横暴〟な僧侶たちに皇族・貴族は百年・二百年と多量の経済的援助（院政期の白河・鳥羽・後白河三上皇の援助はよく知られている）を続けている。皇族・貴族がそれらの僧侶たちに自制を求めないはずはない。横暴な人物・乱暴な事件だけを強調して歴史を語るのは考えものである。『往生要集』を著した源信を始め、優れた僧侶たちも多かった。彼らは経典を研究し、また厳しく激しい修行も繰り返していたはずである。さもなければ貴族・皇族たちが長期間の莫大な援助を続けるはずがない。〝平安時代後期に仏教界が大変乱れた〟とするのは、後世の人間が末法思想の末法観に強く影響されてしまった結果である。「末世」にしても、それは貴族の立場の見方であって、武士・農民たちにとってみればむしろ好ましい社会の到来ということになろう。

私の見方は、永承七年（一〇五二）に末法に入ったとされて以降、仏教界では以前にもまして厳しい修行がなされたであろうということである。それは、まず、僧侶自身のためである。末法に入ったから悟りを得る者がいないといわれて、それで僧侶たちが納得したであろうか。必ずや、それにも負けずに悟りを目ざそうという者が大勢いたに違いない。そしてその修行は自分たちに期待してくれている俗人のためでもある。

他力の強調

しかしながら、経典を学ぶにしても体を使っての行をするにしても、その成果をあげるのは難しい。これで修行が成った、悟りを得た、極楽往生の確信が得られたと断言できる僧侶はいったいどのくらいいたであろう。厳しく修行すればするほど、自分の限界を感じる僧侶は多かったのでないだろうか。以前の時代にもまして厳しい修行は、末法に入ったとされてから百年、正確には百二十三年の安元元年（一一七五）、法然が専修念仏に入るまで続いた。

その安元元年に、法然風あるいは親鸞風にいえば、自力の修行では人はついには救われず、自分のすべてを捨てて他力にすがるしか救いはないと、日本人は百二十年あまりかけて気づいたのである。それがこの年の法然の「専修念仏への帰入」（『選択本願念仏集』）の歴史的意味である。

「他力」とは阿弥陀仏の慈悲による救いの力である。その他力による救い、念仏をひたすら称えて阿弥陀仏の極楽浄土へ迎え摂ってもらおうという動きは、すでに十世紀ころから社会に現れていた。たとえば空也《くうや》＊である。空也は「市《いち》の聖《ひじり》」といわれて京都の街に念仏を称え、勧めて歩いた。「聖」というのは、下級の宗教者たちである。このように念仏を広めて歩く聖たちのことを、一般的には「阿弥陀の聖」と称した。

阿弥陀仏に救われて極楽往生したとみられる念仏者たちの伝記を集めた『日本往生極楽記』＊等の往生伝も、著されるようになった。

他方、どのような称えごとをしていたかはっきりしないのであるが、『法華経』のみを大切にして各地を放浪する聖も現れた。彼らを「法華の持経者《じきょうしゃ》」という。「法華の持経者」というのは「法華経を大切に持《たも》っている者」という意味である。『法華経』は天台宗で最も重要視された経典ということもあり、法華の持経者も多かったようである。それらの人々の伝記を集めたのが『大日本法華験記』＊である。

いってみれば法然の専修念仏説は、十世紀以来社会に展開していた阿弥陀の聖たちの念仏を仏教教理的に意義づけた、ということにもなるのである。

さて「自力《じりき》」というのは「他力《たりき》」に対する用語で、〝自分の力によって修行し、悟りあるいは往生をめざす〟ということである。天台宗や真言宗、南都六宗の修行

＊ 空也　「こうや」とも。九〇三～七二。

＊ 『日本往生極楽記』　慶滋保胤が寛和年間（九八五～九八六）に著した。

＊ 『大日本法華験記』　本朝法華験記あるいは略して法華験記ともいう。鎮源が長久元年（一〇四〇）から同四年にかけて著した。

をさしている。ただし、「他力」「自力」は善導の系譜を引く法然等の専修念仏者たちが使っている用語であって、天台宗・真言宗・南都六宗側ではまったく使っていないことを述べておきたい。

悪人こその思想

親鸞といえば悪人正機説を思い浮かべ、悪人正機説といえば親鸞を思い浮かべるほど、両者の結びつきはよく知られている。〝阿弥陀仏がほんとうの救いの対象としているのは善人ではなく、自分をどう救いようもない悪人なのです〟―これを『歎異抄』第三章では、「善人でさえ極楽往生できるのであるから、どうして悪人が往生できないことがありましょうか。しかし、世の中の人がいつもいうことには、「悪人だって極楽往生できるのですからいったいどうして善人が往生できないことがありましょうか」ということです」と述べている。原文に、

> 善人なをもちて往生をとぐ、いはんや悪人をや。しかるを世のひとつねにいはく、「悪人なを往生す、いかにいはんや善人をや」。

とあるのは、まさに逆説的な名文である。『歎異抄』ではこの文に引き続いて、「悪人でさえ往生できるのであるから云々」は「一応その道理があるようにみえますけれども、阿弥陀仏の本願他力の考え方に背いています」として解説を加えている。

それによると、「善人」というのは「自力作善の人」のことである。「善」*とは成仏あるいは極楽往生のために役立つことである。そして自分の力で善行を作《な》す人は、阿弥陀仏の本願（他力）にすがろうという心が欠けているから、阿弥陀仏の救済の

＊善　清浄な心で経典を読誦・書写し、寺院を建立し、仏や僧侶に供養をし、仏法を讃嘆する等を行うこと。

対象ではない。阿弥陀仏は自分を頼ってくる者を救おうとしているのである。

「悪人」とは、「善」を行う努力もできず、前世あるいはそのまた前世からの罪業の深さに気づいた人のことである。清浄な心を持たなければならないといっても、「私は「煩悩具足（心身を煩わし悩ます精神作用）」であるから、どんな行であっても迷いの世界を出て極楽に往生することはできません。これこそ悪人です。阿弥陀仏はそのような私を哀れんで本願を起こされたのであり、そのほんとうの目的は悪人を成仏させるためです。したがって阿弥陀仏にお願いしようという悪人こそ、第一に往生・成仏する者です」。このように親鸞は説いたと『歎異抄』第三章では述べている。それを原文では、

煩悩具足のわれらは、いづれの行にても生死をはなるゝことあるべからざるを哀みたまひて、願をおこしたまふ本意、悪人成仏のためなれば、他力をたのみたてまつる悪人、もとも往生の正因なり。

と記している。

以上のように見てくると、悪人というのは現代的な意味とはやや異なっている。現代では、悪人とは〝倫理的に他人に被害を与える人〟という意味合いが強い。親鸞の「悪人」は自分自身の内面について深く掘り下げた結果、「善を行いたくても行えない自身の罪業の深さに気づいた者」ということになる。たとえば生き物を殺すことはよくないことであるが、殺すことよりも、殺さざるを得ない前世からの罪

深さに気づいた自分、ということである。

平安末期・鎌倉時代には、むろん、現代的な意味での「悪人」も存在している。社会的な被害を与える悪人は朝廷や幕府の取り締まりの対象になっている。

褒《ほ》め言葉としての「悪」

興味深いことに、親鸞のころには「悪」は褒め言葉でもあったのである。保元元年（一一五六）の保元の乱は、京都における後白河天皇方と崇徳上皇方の戦いであった。その崇徳上皇方の指導者であった左大臣藤原頼《より》長《なが》は、人柄も立派、学問もよくできる、文才もある、また礼儀正しく、政治も厳しく行うことができたので、世の中の人々は「悪左大臣」（《保元物語》）または「悪左《あくさ》府《ふ》」（『愚管抄』）と称したという。褒め言葉である。

三年後の平治の乱は、同じく京都における平清盛方と源義朝方の戦いであった。義朝の長男義平《よしひら》はまだ十九歳、しかし「鎌倉悪源太義平《かまくらのあくげんたよしひら》」と呼ばれて敵方に恐れられ、味方には頼もしがられていた。それは十五歳の時、在京の父に代わり、北関東に勢力を張って戦さ上手で知られていた叔父の源義賢と戦ってこれを討ち滅ぼし、その後の多くの戦争でも負けたことがなかったからである。〝信じられないほど戦争に強い〟ということで「悪」という名称を奉られていたのである。名前のうち、「鎌倉」は義平の住所、「源太」は源氏の太郎すなわち長男という意味である。義朝は平清盛方と戦って危うくなった時、

悪源太はなきか。

と叫んで義平に助けを求めている（『平治物語』）。この際、「悪」が貶《おとし》める意味であるはずがない。「悪源太」は褒め言葉である。

平安時代後期から鎌倉時代には各分野で優れた人たちが出現した。またその時代は優れた人間に注目が集まった時代でもあった。英雄時代といってもよい。なかには、常識では信じられないほど顕著な能力を示す者もいた。それは社会のためによい働きをすることもあれば、逆の結果を招くこともあった。その能力はいったいどのようにして現れたのか。

当時の人々は、人間世界の外に人知では計り知れない大きな力を持つ存在があると考えた。それが雷や大噴火、大雨、大干ばつなどを発生させている。この人間ではどうしようもない巨大な力が人間に働きかけて、めざましい成果あるいは悪い結果を生み出させることがあると考えた。その結果が「悪左大臣頼長」であり、「鎌倉悪源太義平」であった。そこでは、人は自分のことは自分では制御できないということなのである。

「煩悩具足」であることも、悪行を積み重ねてしまうのも、本人が自分の努力で振り払うことはできない。そこに人知を超えた存在である阿弥陀仏の救いがある。

悪人正機説はまさに平安時代後期から鎌倉時代の人々にとって、受け入れられやすい考えであったといわねばならない。

悪人正機説―法然の門下にひろまっていた思想―

本項の最初に述べたように、「悪

人正機説といえば親鸞、親鸞といえば悪人正機説」であった。高校・中学の教科書にもそのように記述されていた。

しかし法然の著述の中に『歎異抄』の悪人正機説と似たような文章がある。近年に発見された法然の伝記である『醍醐本法然上人伝記』の中に、「善人でさえ往生できるのに、どうして悪人が往生できないことがありましょうか（このことの内容は口頭で伝えられています）」という項目があった。この原文は、

一、善人尚以《なおもっ》て往生す。況や悪人をや（口伝《くでん》これ有り）。

とあるものである。『醍醐本法然上人伝記』は法然没後三十年ほど経ったころに成立した現存最古の法然伝であり、重要な歴史史料でもある。その中に法然の思想として悪人正機説が記されている。ただし「口伝これ有り」とあるからには、詳しく文章化されたということはなかったのであろう。内容から考えて、読者の誤解を与える危険性が十分にあったからである。

しかし醍醐本の文章では「善人」を批判的に評価していないし、逆に「悪人」を批判的にみている気配もある。さらに法然の「黒田の聖人へつかはす御消息」には、「罪深い人だって往生できます。どうして善人が往生できないことがありましょうか」、

罪人なほむまる、いはむや善人おや。

などとある。

このように、「悪人」と「善人」の上下関係をどのように見るかの問題はあるにしても（それが厳密には重要な問題ではあるが。『醍醐本』の記載は先鋭的な門弟たちの考えを法然に仮託したものではないかとの説もある）、悪人正機説が法然の門下に広まっていた思想であることは、まず間違いあるまい。これらのことが末木文美士氏*によって強く示されてから、すでに三十年も経っている。そろそろ悪人正機説が親鸞のみの思想であるとの定説は改められるべきであろう。その上であえていえば、それこそ非常に長い間、浄土真宗で悪人正機説が強調されてきたことの意味は十分に尊重されてしかるべきであろうと思う。

三 親鸞の苦悩

比叡山時代の苦悩

親鸞は一生を通じてさまざまな苦悩を体験している。第一は九歳から二十九歳までの比叡山時代での苦悩である。第二は三十五歳から四十二歳までの越後時代。第三は四十二歳から六十歳ころまでの東国時代。第四は六十歳ころに京都へ帰ってから。第五は一生を通じての苦悩である。

まず、比叡山時代から見ていこう。親鸞が九歳の時に出家したのは、むろん大人

＊ 末木文美士氏　末木文美士「悪人正機説について」『春秋』二四一、一九八二年。のち同氏『日本仏教思想史論考』大蔵出版、一九九三年に所収。

としての自分の意思ではなかったろう。父日野有範が何か政治的に失敗をし、自分のみならず五人の息子も出家することで死罪を免れたのであろう。

したがって残された家族や関係者が親鸞に期待するのは、延暦寺で懸命に修行してそれなりの僧位・僧官*を得て、さらには何か他の私的な権利（領地を譲られたり、建物を譲られたりするなど）を得て経済的にも楽な生活ができるようになってくれることである。事実、親鸞のすぐ下の弟尋有は権少僧都となり、比叡山東塔の善法院主や根本中堂《こんぽんちゅうどう》執行《しぎょう》その他の役職を得ている。次弟兼有は権律師、三弟有意は法眼《ほうげん》、四弟行兼も権律師となっている。尋有は京都に善法院の里坊である善法坊を持ち、最晩年の親鸞はそこに居候《いそうろう》をさせてもらっている。

比叡山延暦寺の構成員は、二つに分けることができる。身分の高い学侶《がくりょ》や堂衆《どうしゅう》と呼ばれる人々と、身分の低い大衆《だいしゅ》と呼ばれる人々である。学侶は皇族・貴族・大豪族の出身で、大衆は農民などの出身である。前者は修行できるが、後者は修行はできずに前者の生活のお世話をするだけである。親鸞は没落貴族で、かろうじて前者の最下部にくっついている状況であった。

僧侶の世界でも俗世間の家柄が大きくものをいう。皇族や摂関家などの上級貴族の子弟ならば延暦寺の中でも出世が約束される。修行は行わなければならないが、政治的あるいは経済的には優遇された生活ができるのである。

親鸞のような没落した中下級貴族の若者にはほとんど誰も見向きもしなかった。

＊僧位・僧官　僧位には基本的に法印・法眼・法橋があり、僧官には僧正・僧都・律師があった。

有髪の親鸞像
茨城県日立市・専照寺

やがて親鸞は、後から入門してくる少年たちに追い越されていく屈辱を身に染みて味わうこととなった。その苦悩は大きかったであろう。出世は諦めねばなるまい。実際、親鸞が二十九歳で比叡山を下りた時、彼には僧侶としての公的な位・職はなく、仕事は堂僧でしかなかった。これはおそらく常行三昧堂に詰める職で、延暦寺では最下層の仕事でしかなかったと推定される。

その前に、親鸞は十代の少年から二十代の青年に成長していくに伴い、当然のように性の悩みが訪れたであろう。僧侶には異性と交わってはならないという不婬戒がある。しかし実際にはその戒を破っている僧侶も多かった。そのことを後白河法皇は「せぬは仏、隠すは上人」とからかっているのは、先にみたとおりである。

しかしまじめな親鸞はその不婬戒を破ることはできず、もんもんと悩んだのであろう。それが二十九歳に参籠した六角堂で観音菩薩から「行《ぎょう》者《じゃ》宿《しゅく》報《ほう》の偈《げ》」を与えられたことにつながる。

親鸞の比叡山における三つ目の苦悩は、天台宗の修行が思うような成果をあげられなかったことであろう。悟ったという確証など、なかなか得られるものではない。得られなくても、比叡山で適当に生活することは十分に可能である。そのような僧侶は多かったに違いない。しかしまじめな親鸞はそのまま比叡山での修行生活を続けるのが堪えられなかったのではないだろうか。

されば とこの世での悟りはあきらめ、次の世での極楽往生を願っても、これまた往生の確信が得られるものでもない。どうしたらよいか。これが親鸞の比叡山における四番目の苦悩であった。

気がつけば親鸞は二十九歳になっていた。当時の平均寿命は四十二、三歳である。まもなく三十代に入り、この世から去る時期が迫ってくる。親鸞は自分の苦悩に自分では対処しきれなくて、とうとう比叡山を下り、六角堂の参籠を経て専修念仏の道で法然に導いてもらうことになった。そこに比叡山での苦悩の解決があったのである。

越後時代の苦悩

従来、越後に流された親鸞は生きるために田圃などで泥にまみれて働かなければなかった、という苦しさが強調されてきた。しかしその苦労は、伯父の日野宗業が越後権介であったこと、加えて恵信尼の実家三善家の援助があったであろうことで容易に解消されていたはずである。

問題は、吉水草庵で心から信頼できる師匠法然と、経験深い兄弟子たち、気楽に話せる同輩たちとともに過ごせるという幸せな環境からいきなり切り離されて、たった一人で専修念仏の学びの生活をしなければならなくなったことである。何か疑問がわいてきても、誰に質問することもできない。精神的に大変幸せな生活からどん底に落とされた越後での流人生活。この精神的苦悩は幸せを知った分よけいに苦しかったに違いない。やがては国府内外の寺院を訪れ、そこの僧侶たちと話し合うこともあったろうけれど、なにせ専修念仏説は時代の最先端を行く学説である。親鸞の話し相手になれる僧侶がそう簡単に見つかったはずはない。親鸞の苦悩は深かったに違いない。

しかし親鸞はその苦悩を糧に自身の信仰の境地を深め、さらにはその境地を見知らぬ関東で広めようと決心するまでになった。親鸞は苦悩を乗り越えたのである。別のいい方をすれば、親鸞にとっては越後の苦悩があったからこそ、その精神的な深みをさらに増すことができたのである。

東国時代の苦悩

東国での生活約十八年間の中において、親鸞はさまざまな苦労をした。なかでも苦悩と呼べる大きな問題は念仏の信心についてであった。念仏の信心、他力に全幅の信頼を寄せていないということに気がついたことが二回あった。信心の揺らぎである。これはまさに親鸞の信仰の根幹にかかわる問題である。このことを恵信尼の手紙は伝えている。その第一回目は、四十二歳で関東へ入ったばかりの上野国佐貫《さぬき》においてであった。自分のためではなく、人々の利益のためにということで、浄土三部経*を千回読誦しようと始めたことである。

経典の読誦《どくじゅ》は、治病や安産、天候を順調にする、多くの収穫を得るなど、現世利益に大きな効果があるとされる。ただ浄土三部経は一回読誦するだけでも数時間はかかるそうである。千回となると何百日も必要な自力の行いである。しかし親鸞は、四、五日して「念仏の信心さえあれば十分なのに、どうして自力の三部経読誦を始めてしまったのか」と気がつき、後悔して取りやめた。なぜこんなことをしてしまったのかという苦悩は大きかったはずである。

ところが五十九歳の時にまた始めてしまった。この時は風邪をひいて高熱が出て寝込んでいた。その夢うつつの中でこんどは『無量寿経』のみの千回読誦を始めたのである。この時も四、五日後に夢の中でこれはいけないと取りやめた。

直後に、親鸞は、恵信尼に「以前に身に染みて取りやめたはずなのに、自力の信というものがなお少し残っていたのですね。人間の自力への執着心と自力を信ずる心は恐ろしいものです。自力の善行によって他人のために働くことができると信じる心は、なかなかなくならない、しつこいものです。このことをよくよく考えなければなりません」と語っている。

人の執心・自力の信は、よくよく思慮あるべし。

というのである（恵信尼の手紙）。ふだん意識にのぼらないだけ、この問題は親鸞にとって強い苦悩となったに違いない。この苦悩は東国にいる間に解決したかどうか。

＊　浄土三部経　『無量寿経』『観無量寿経』『阿弥陀経』の三経典。

京都時代の苦悩

六十歳ころに京都に帰った親鸞には、やがて八十歳過ぎにこれまた大きな苦悩に見舞われることになった。それは息子善鸞との葛藤である。このことについては本書の最初に詳述した。

親鸞はこの苦悩を乗り越えて自然法爾《じねんほうに》の境地に達した。同時に東国時代からの苦悩も乗り切ることができたと考えられる。自分で苦悩を乗り越えようと努力するのではなく、すべてを阿弥陀仏にお任せしようという境地である。また多数の親鸞自筆書という大きな財産を人類に遺した。

四 東国から何を学んだか

次の時代の社会

親鸞が四十二歳からの本格的な布教地として東国を選んだことは、非常に興味深い。このころ、鎌倉幕府が成立してから三十年、すでに一世代が経過している。幕府は武士の力を背景に新しい時代を切り開きつつある。承久の乱の勝利によって、朝廷よりも政治的優位に立つのも間もなくである。

新しい信仰を持って人々に広めていくのは困難が大きい。京都などの伝統的政治力や文化が強い社会ではなおさらである。法然の門弟の中で京都に大きな勢力を築くことができたのは、西山義《せいざんぎ》を開いた証空であるが、その信仰の内容は他の信仰を捨てていく先鋭的な専修念仏ではなく、専修念仏を天台宗の教義で合理的に説明していこうとするものである。念仏を称えるだけでなく、知的な理解力が必要な教えであった。それ故にこそ、貴族たちが安心感を持ち、彼らの間に人気が出たのである。

東国では天台宗の強力な規制があるわけではない。幕府は政治・宗教ともに新しい形を求めつつ勢力を発展させていた。稲田に住む親鸞は、宇都宮氏等を通じ幕府の政策や考え方、それらが農村ではどのように受け止められていたか膚《はだ》で感じたに違いない。京都とは異なる困難があるにしても、新しい希望の持てる社会。やがてはその社会が日本全体に広がっていくことが予感される。その新しい、次の時代に向けての信仰のあり方―親鸞は東国でそのことを学んだ。

異なる風土での信仰のあり方　東国は明らかに京都や越後とは気候・風土が異なる。特に常陸国や下総国では、冬は寒いけれど降雪量は少ない。農産物や水産物は豊かである。一方では奈良・平安時代以来の蝦夷との戦いの前線であった緊張感も残っている。常陸国の中でも、北部には虚空蔵《こくぞう》信仰が強く、東南部では鹿島明神、中部では筑波権現、那珂川下流では天台宗、稲田では稲田姫命《ひめのみこと》、中部から北部では修験道。その他各地にそれぞれの信仰がある。

京都で生まれた専修念仏をどのように東国の人々の間に根づかせるか。東国の人々は専修念仏を必要としているだろうか。

京都においてならば、法然門下の同輩とともに話し合いながら集団で布教できるけれども、徒手空拳《としゅくうけん》で入った東国ではどのようにすればよいのか。東国のそれぞれの地域に根ざした信仰とどのように対応すればよいのか。いちいち否定していくのか。そうではなかったろう。親鸞は従来からの信仰の上に信心に基づく念仏を説いていったのであろうその布教方法を、東国での十八年間で学んだと推測される。

家族の大切さ　一般の人々が信仰に求めているのは何であろうか。明日来るかもしれないけれど、しかし何十年先かもしれない臨終と、それに続く極楽往生も重要であるけれども、さしあたりは日常の生活が平穏にいくことこそ大事である。特に家庭生活がよくならなければ、いくら優れた教えといわれても受け入れる気にはなるまい。

家庭生活—親鸞は妻恵信尼と子どもたちと東国に来て、その生活を行いつつ教えを説いていた。恵信尼は、夫との家庭生活が嫌なら単独であるいは子どもたちを連れて京都に帰ってもよかったのに、それをしなかった。夫親鸞とよい家庭生活を築いていたからであろう。それを見た周囲の人々がそのような家庭生活を送れるのならば、そのもとになっているという念仏の教えを聞いてみようか、ということになったのではないだろうか。

すなわち親鸞は、布教のためのよい家庭生活の大切さを、関東で布教しつつ学んだと推測されるのである。

五 『歎異抄』を読む―現代に通ずるメッセージ―

現代に活かす　『歎異抄』は親鸞の門弟唯円が、親鸞から聞いた教えを書きつけたものである。文章が分かりやすく、しかもあまり長くないので、読みやすい。その上、逆説めいたいい方をしているところもあり、新鮮な印象を与える。『歎異抄』は国民的な人気があって、書店の棚には『歎異抄』の解説書が並び、新刊書も毎年のように出版されている。現代人の心に訴えるメッセージを持っているからであろう。

『歎異抄』の序文によれば、唯円が『歎異抄』を書いたとき親鸞はすでに亡くなっていたし、その教えが誤って伝えられていくような状況が生まれていた。そのような状況では、後進の人たちが正しい教えを学ぶことができない、それは残念なことだ、私が正確に伝えたい。このような理由から『歎異抄』を執筆したとある。

唯円は、「縁があって師匠となってくださった優れた人の導きによらなければ、どうして正しい念仏の教えに入ることができましょうか」という。唯円は教えを直接師匠から口頭で授けられることを重視していた。これを当時のことばで「口伝《くでん》」という。現代風にいえば、書物も大切、テレビも大切、パソコンもスマホも大切、しかし直接相手と話をすることこそもっとも大切、ということである。

唯円は、自分は師匠親鸞の教えを正しく受け継いでいると主張する。その根拠はどこにあるのか。それを『歎異抄』序文で、「すでに亡くなられてしまいましたが、親鸞聖人がお話し下さったことが私の耳の底に留まっています。ですから、それをここに記します」と説明している。師匠から直接聞いた教えが耳の底に留まっているから、私唯円は皆さんにそれを伝える資格があるのだ、と唯円はいうのである。

現代では、他人と話をし、そこから生きる道を学び、また心の安らぎを得ることが少なくなってしまったと思われる。日本は経済的に苦しい状況にあるとはいうものの、物資は街中にあふれている。スーパーマーケットやコンビニの棚に並ぶお弁当が増えている。レジで「お願いします」「ありがとう」ともいわず、黙々とお金を払って店を出ていく。一方では人間関係がうまくいかず、悩む人たちが多くなっている。

社会の進展を止めることは個人の力ではむずかしい。しかしそれに流されているだけでは状況はますます悪くなる。話しかけ、相手のことばを心に留めることは難しいことではない。

かつては、「耳をすます」とか「耳の穴をかっぽじって、よく聞け」とか、「耳が痛い」「耳を貸せ」「耳を揃える」などと、耳に関わることばを現代よりも多く使っていたような気がする。

相手の耳に届かせる。自分の耳で意欲的に聞く。『歎異抄』は、まずそのことを現代に伝えている。

人を信じる

また『歎異抄』第二章には、次の文章がある。

たとひ法然上人にすかされまいらせて、念仏して地獄におちたりとも、さらに後悔すべからずさふらふ。

「もし法然上人に「念仏を称えれば極楽に往生できるから」と騙《だま》されて念仏を称え、その結果地獄に堕ちてしまっても、私は決して後悔はいたしません」。

これはすでに京都に帰っていた六十代以降の親鸞が、東国から教えを聞きに訪ねてきた門弟たちに伝えたことばである。この時親鸞は、「あなたがたは、私が念仏の他に何か極楽往生の方法を知っているとか、何かありがたいお経とかを知っているだろうと思っておられるのなら、それは大きな誤りです。私は法然上人から「ただ念仏を称えて阿弥陀仏にお助けいただきなさい」と教えていただいて、それを信ずるほかには何もありません」と答え、さらに「念仏が極楽へ往生する行ないなのか、地獄に堕ちる行ないなのか、私にはまったく分かりません」と付け加えた上で、右に引用したことばを述べている。

親鸞は心の底から法然を信頼していたのである。法然に騙されてもかまわない、でも決して法然は騙すことはないだろう、正しい道を教えてくれているのだろうという信頼がその根底にある。なぜ親鸞はそのように法然を信頼できたのだろうか。

親鸞は九歳から二十九歳の時まで比叡山延暦寺で天台宗の修行に励んだ。無数といってよいほどある経典とその注釈書を読み、体を使っての行も励んだ。しかし悟りは得られず、また出身は貴族とはいっても身分が低く、破滅した家の出身であったから延暦寺の中での高い地位も得られなかった。悟りが得られないなら次の世での極楽往生を求めても、なかなかその確証は得られるものではない。むろんそのような問題はさておいて、比叡山の中でそれなりに暮らしていこうと思えば、それは不可能なことではない。多くの僧侶がそのような人生を選んだものと思われる。

しかし親鸞はまじめな性格で真剣に修行に取り組み、悩みぬいた。そのころの平均寿命は四十二、三歳であるし、それがだんだん親鸞にも近づいてきた。とうとう親鸞は修行二十年を区切りに比叡山を下り、六角堂に籠って観音菩薩に祈った。極楽へ往生できるように、との願いからである。幸い九十五日目の暁に、往生の可能性が示されたけれども、やはり親鸞は人間が、指導者として信頼できる人が欲しかったようである。そこで法然を訪ね、百日間の交流ののちに、法然こそ自分が求めていた師匠であるとの確信を得たのである。その法然への一生変わらない信頼と、尊敬。それが『歎異抄』第二章のことばとなって現代に伝えられている。

人は人の中でしか生きられない。親鸞の法然への信頼と尊敬は、現代人の心に強く響くものがある。誰が師匠として尊敬できるか、すぐにわかるものでもない。でもその人を探しつつ、人間を大切にして生きようということであろう。

すべての人のために

親鸞は、父母のためとて、一返にても念仏まうしたること、いまださふらはず。

ところで『歎異抄』第五章には、「親鸞は、父や母のためにという理由で念仏を称えたことは一回もありません」という文章が載っている。念仏を称えれば極楽へ往生できる。念仏は他人のために称えても、その効果があると思われていた。またすでに亡くなった人が地獄などに堕ちていた場合、念仏を称えて極楽往生させてあげることもできると思われていた。両親のために念仏を称えるのは親孝行であり、それは当然の行いというのが世間一般の考えであった。

だが親鸞は、父母のためという理由で念仏を称えたことは一回もないという。これはいったいなぜであろうか。このことについて、彼は次のように説明している。

「すべての人間は、今まで生まれ変わり死に変わりしてきた時代の私の父母兄弟なのである。すべての人たちを救いたいから、現在の父母のためだけに念仏を称えたことはないといったのである」。

「しかし私に極楽往生させる力があるなら、念仏を称えて救おう。しかし私にはその力はない。救いの力があるのは阿弥陀仏であるから、ひたすら阿弥陀仏にお願いしているのである」。

この第五章の文は、一見、親不孝的な内容に見えるけれども、理由を聞けば納得する。まさに逆説的ないいまわしである。そしてすべての人々を大切にしようという現代へのメッセージということができよう。

III

親鸞ゆかりの寺と伝説を歩く

無量寿寺本堂

稲田・西念寺（茨城県笠間市）

西念寺山門

西念寺は親鸞の稲田草庵の跡をうけている。茨城県笠間市稲田にある。鉄道ならばＪＲ水戸線の稲田駅下車で、西の方へ国道五十号を一キロほど歩く。自動車ならば北関東道の笠間西インターで降りて四キロほどである。

稲田草庵は、親鸞が東国でもっとも長く住んだと推定される所である。『親鸞伝絵』に「親鸞は越後国から常陸国に来て笠間郡稲田郷に住み着いた」と書かれている。現在の西念寺は、稲田山の麓に建てられている。それは『親鸞伝絵』に描かれている草庵が建つ地形とそっくりの場所である。西念寺は当初の稲田草庵の位置としてほぼ間違いないであろう。少なくとも、その雰囲気は十分に伝えている。

国道五十号から参道に入り、大きな杉の並木に往時をしのびながら歩むと二階建て風の山門がある。室町時代あるいは江戸時代の初めに建てられたとされる、中国風の窓が趣深い。山門をくぐるとすぐ右に、「浄土真宗開《かい》闢《びゃく》之霊地」と彫り込んだ大きな石碑がある。正面の大

石碑「浄土真宗開闢の霊地」

きな本堂に入ると、正面に「真宗最初門」という額がかかっている。

親鸞が元仁元年（一二二四）、五十二歳の時に『教行信証』を執筆したのは、稲田草庵であったろうと推定されている。その年をもって浄土真宗が開かれた、という考え方もある。そこで「浄土真宗開闢之霊地」「真宗最初」などと誇り高く示されているのである。

本堂内では、本尊阿弥陀仏立像の右奥に親鸞坐像、左奥に恵信尼坐像という珍しい配置がされている。西念寺では昔から恵信尼を尊重してきたのである。また西念寺で所蔵する恵信尼画像は室町時代の制作と推定され、全国の恵信尼画像の中で現存最古と考えられる。

親鸞御廟

本堂を出て左側の稲田山を登ると中腹に親鸞御廟《ごびょう》がある。親鸞が京都で荼毘に付されたのち、その頂骨をいただいてきて安置したものという。六角形のお堂である。京都の六角堂を模したものであろう。

西念寺には親鸞やその門弟についての話がいくつも伝えられている。それは境内にある「御杖杉《おつえすぎ》」「お葉つき銀杏《いちょう》」「弁円回心《えしん》の桜」「神原の井」などについての伝承である。まず「御杖杉」は次のような話である。かつて親鸞は京都六角堂で観音菩薩に「すべての人々を救うように」と命ぜられた。稲田に来たとき、ここそ布教の地であると感じ、その印のために自分の杉の杖を地面に深く差し込んだ。するとその杖に根が生え、芽が出て大木となったという。しかしこの杉は明治四年（一八七一）の火災の時に焼けてしまい、現在では根元に近い焼け残った幹だけが保存されている。

「お葉つき銀杏」は親鸞が草庵の庭で銀杏の実を葉に包んで蒔《ま》いたところ、葉の先に実がつく不思議な銀杏に育ったという。これは「稲田禅房のお葉つきイチョウ」として平成十二年（二〇〇〇）に茨城県指定文化財になった。「弁円回心の桜」は、親鸞を殺そうとした山伏弁円が、稲田草庵に親鸞を訪ねてその威にうたれ、帰服した。これを喜んだ領主の笠間時朝が桜を植えて「弁円回心の桜」と名づけたとされる。しかしこれも「御杖杉」同様に明治四年に焼け、根元だけが残っている。

見返り橋の碑

「神原の井」は、白髪の老翁の姿で親鸞の説教を聞いた鹿島《かしま》明神《みょうじん》は感激し、鹿島七ツ井のうち「神原の井」を献上しようと、地面を杖で二、三度叩くと、清水がこんこんと湧《わ》き出したという。

西念寺の環境はいろいろと親鸞活躍の昔をしのばせる。

笠間・光照寺（茨城県笠間市）

光照寺は親鸞の笠間草庵または「関東お草鞋《わらじ》ぬぎの聖地」として知られている。茨城県笠間市笠間にある。鉄道ならばJR水戸線の笠間駅下車で、そこからはタクシーが便利である。自動車ならば北関東道の笠間インターで降り、三キロほどである。

光照寺の開基は親鸞の門弟の教名《きょうみょう》である。もともとはその父で笠間城主の庄司基員《しょうじもとかず》が親鸞に帰依したものという。笠間城は笠間地方の中心の城で、光照寺はその南の麓にある。本尊は鎌倉時代制作の阿弥陀如来立像である。基員が教名の父ではなく祖父であるとして、次のような話も光照寺に伝えられている。

基員は鹿島神宮の造営活動に加わって、工匠たちの指揮にあたっていた。たまたまその夜は仲秋の名月で、基員は東側に広がる鹿島沖の明るい月を眺めていた。すると海岸で流木を見つけ、神宮の建物の一部に使おうと持ち帰った。

　ところがその夜の夢に年とった翁《おきな》が現れ、「そなたが拾ったのは仏様が生まれた天竺《てんじく》（インド）から流れ着いた霊木である。みだりに使ってはならない。そのことを子々孫々に伝えよ」と告げて忽然《こつぜん》と消えてしまった。翁は鹿島明神だったのであろう。

光照寺景観

　それから数十年経ち親鸞が笠間にやってきて、『教行信証』の執筆と本尊阿弥陀仏を彫刻する意思を示した。そこで教名は祖父伝来の霊木を提供し、その由来も説明した。親鸞は喜び、二尺八寸の本尊を完成させたという。

　光照寺が笠間草庵といわれているのは、『親鸞伝絵』の中の絵で親鸞が笠間に住んでいる場面に、「笠間の草庵のありさまです」と説明が書かれていることによる。それはこの光照寺のことであるというのである。また「関東お草鞋ぬぎの聖地」というのは、越後からやってきた親鸞が最初に草鞋をぬいだのがここだ、という意味である。

　光照寺には親鸞と妻の恵信尼が貴族の若者姿で向き合っている掛け軸の絵が伝えられている。「女人往生証拠の御影」という。絵の左下で烏帽子《えぼし》をかぶっているのが

女人往生証拠の御影

親鸞、右上の十二単《じゅうにひとえ》姿が恵信尼である。よく見ると、二人とも左手に数珠《じゅず》を持っている。

かつて、女性は極楽往生しにくいといわれていた時代があった。それに対し、「いいえ大丈夫です。往生できます。親鸞の妻である私は極楽往生できています。その証拠に私の絵姿を送ります」という恵信尼の手紙が、絵の左上部に書かれている。ただ親鸞の妻は玉日という名前でも伝えられてきた。そのために右の絵でも、親鸞の妻は「玉妃（玉日）」と書かれている。

この玉日の墓が「玉日廟」として笠間市と結城市の二か所にある。伝承では玉日は関白九条兼実の娘とされてきた。兼実が親鸞を見込んで結婚させたということである。しかし関白や摂政クラスの貴族の娘は、すべて天皇の后《きさき》候補である。天皇の后になって皇子を生んでもらい、その皇子を天皇の位に据えて一族の繁栄をはかるのである。没落した中下級貴族の息子で、しかも出家した者と結婚させることなどありえない。親鸞の妻・玉日として浄土真宗の中では夢を抱く話として知られているけれども、伝承としてとどめておくべきであろう。

光照寺には、他に親鸞と恵信尼が名号を挟んでその下部に座っている絵（掛け軸）もある。このような絵は珍しい。この絵も「女人往生証拠の御影」もいずれも室町時代の制作と推定されている。さらにまた江戸時代において、光照寺では真宗教学についての多くの書物を出版したことで知られている。その中には教名が親鸞の教えをまとめたものという「親鸞聖人御遺言法語」「親鸞聖人法語」などがある。

鳥栖・無量寿寺（茨城県鉾田市）

無量寿寺は親鸞二十四輩第三の寺とされ、茨城県鉾田《ほこた》市鳥栖《とりのす》にある。JR水戸駅から関東鉄道グリーンバス「奥ノ谷・大和田」経由「鉾田行き」で約一時間十五分、「鳥栖寺下」で降りると、そこがもう無量寿寺参道の階段昇り口である。自動車ならば常磐道の千代田石岡インターで降りることになる。

無量寿寺の開基は親鸞の門弟の順信である。彼は鹿島神宮の大宮司であった大中臣信親または信広という人物であったといわれている。付近の門徒を率いて鹿島門徒という有力な門徒集団を作った。親鸞没後にも、覚信尼らの遺族を助けたとして知られている。

無量寿寺の参道の、木々の緑が覆いかぶさるかなり急な階段を登り切り、山門をくぐると茅葺の本堂がある。江戸時代初期の建築で茨城県の文化財に指定されている。十年近く前に解体修復がなされた。規定どおりに震度七の地震にも耐えられるように造り上げられたところ、平成二十三年（二〇一一）三月十一日の東日本大震災の震度六強の地震にはびくともしなかったそうである。ただし、本堂内部の土の壁と柱との間に隙間ができてしまった。強く揺

無量寿寺本堂

れたためである。ところが、何日かすると、その土が少しずつ動いて隙間が完全に埋まってしまった。伝統的な建築というのはこのような力があるのである。

本堂には順信坐像が安置されている。目を大きく見開いた、頬の豊かな、壮年期を思わせる彫像である。江戸時代初期の制作と推定される。

無量寿寺の寺伝によると、親鸞と無量寿寺との関係は以下のようになる。この寺は平安時代初めの大同元年（八〇六）に建立された三論宗の寺であったが、その後禅宗の寺となって無量寺と号し、観音菩薩を本尊としていた。

時代は下って鎌倉時代、付近の領主に村田刑部少輔という者がいて、常に観音を念じ禅宗を尊んでいた。ところがその妻は仏教を邪魔者扱いにしていた。彼女はまだ若かったが、乳飲み子を残して難病で亡くなってしまったので、境内に塚を設けて葬られた。

するとこの塚が夜ごとに鳴り響き、炎の中から妻の幽霊が姿を現し、乳飲み子を求めて泣き叫ぶようになった。村人はそのたびに恐怖の思いをなし、寺に参詣する人もなくなり、住職も逃げ出し、寺は荒れ放題になってしまったという。

順信坐像

順信歌碑

困り切った村人は、おりから付近を通りかかった親鸞に助けを求めた。承知した親鸞は、村人に小石をたくさん集めさせ、その小石一個ずつに「浄土三部経」（『無量寿経』『観無量寿経』『阿弥陀経』という阿弥陀信仰を説く三つの経典の総称）の文字合計二万六千六百字余りを一字ずつ書き写した。そしてそれらの石をかの女性の墓に埋めると、その夜すべての村人の夢に女性が美しい姿で現れ、「おかげで救われました。極楽へ往生できます」と告げ、西へ向かって飛び去ったという。毎夜の塚の異変もやんだ。

感激した村人は親鸞にこの寺の住職になってもらった。親鸞は阿弥陀仏の像を自ら刻んで本尊とし、阿弥陀仏の別名である「無量寿仏」の名に因んで「寿」の一字を寺号に加え、「無量寺」を「無量寿寺」と改めた。三年後、親鸞は寺を順信に託して去ったという。

無量寿寺には、国指定重要文化財の『拾遺古徳伝絵』が伝えられている。火災で焼けた部分があるが、かつては『拾遺古徳伝絵』の原本ではないかといわれたほど優れた絵巻物である（原本の所在は不明）。

なおこの無量寿寺は浄土真宗本願寺派に属していて、

鉾田市下富田には真宗大谷派に属する同名の無量寿寺がある。こちらには神官姿の順信坐像が伝えられている。

大部・真仏寺（茨城県水戸市）

真仏寺は茨城県水戸市飯富にある。鉄道ならばJR常磐線水戸駅下車で、タクシーが便利である。約二十分。自動車ならば常磐道を「水戸北インター」（ETC専用）で降りると、田を隔てて向こうの丘陵の中にある。ここは茨城県北部の大河である那珂川の氾濫原《はんらんげん》である。急な坂道を登った上に真仏寺がある。

真仏寺の開基は親鸞の門弟の真仏である。寺の名前と同じである。真仏の俗名は北条平太郎という常陸国那珂郡大部郷《おおぶのごう》に住む武士であった。大部郷は、現在の真仏寺の付近で、那珂川の氾濫原を見下ろす丘陵一帯を占めている。奈良時代以前から発展していた豊かな地域であった。「大部（おーぶ）」は江戸時代に「飯富（おーぶ）」と使う漢字が変わり、それを「飯富（いいとみ）」と読み方を変えて現在に至っている。

北条平次郎は、地名をもって大部平太郎とも称していた。彼は稲田草庵に親鸞を訪ねて、その門弟となっていた。ある時、親鸞は真仏の招きに応じて大部郷に百日滞在したと真仏寺の寺伝は伝える。それはちょうど五月のころであった。親鸞は農民たちが田で歌いながら田植えをするのを見ていた。しかし期待した、念仏に合わせて田植えをする者はいなかった。親鸞は残念に思ったが、農民たちに強制することはできない。そこで親鸞は決心し、農民たちの中に飛び込んで行って「南無阿弥陀仏」という念仏も入れた歌を即興で歌った。それが評判を呼び、この歌とともに田植えすれば仕事がはかどり、念仏も自然に称えられることになると、親鸞の人気は上がったという。

この歌は「御田植歌」として今日まで伝えられていて、真仏寺の下の田のなかには、御田植伝説を伝え、大部郷と親鸞との縁を記した大正十二年（一九二三）建立の「親鸞聖人旧跡」の碑がある。田の代掻《しろか》きをする時期には、そこに植えられている桜の巨木が花を開いて美しい。

また『親鸞伝絵』には平太郎について次のような話も

載っている。平太郎はある時、仕事の関係で紀伊国の熊野神宮に参詣することになった。念仏を称える身で、からだを浄めることなどもしない自分が参詣してよいのかと親鸞に質問すると、「まったく問題ない」という答えであった。

それならと、平太郎は川で水を浴びるなどの浄めもせずに熊野神宮に参詣したところ、その夜の夢に熊野神が現れ、「そなたはどうして私を無視して汚い身のままで参詣したのか」と叱った。するとそこに同席していた親鸞が「平太郎は私の教えに従って念仏を称えている者です」といってくれた。それを聞いた熊野神は親鸞にお辞儀をし、もう何もいわなかった。このような話である。

この話は、そのころの仏教と神道との関係の一側面が推測されて興味深い。また真宗門徒が神社に参詣することは禁止されていなかったということも示している。真仏寺の本堂には、この親鸞と熊野神、平太郎とのいきさつを示す掛け軸が掛けられている。

本堂には、親鸞の小島草庵に据えられたと伝える阿弥陀仏立像が安置されているのが珍しい。境内には平太郎の墓もある。この墓は、もとは真仏寺近くの「平太郎屋敷跡」にあったものを移したのである（もとの場所にも墓は残されている）。

河和田・報仏寺（茨城県水戸市）

報仏寺は茨城県水戸市河和田町にある。鉄道ならばJR常磐線赤塚駅で降りて南へまっすぐ二キロほど。タクシーがある。自動車ならば常磐道の水戸インターで降りて四キロほどである。

報仏寺の開基は親鸞の門弟の唯円である。『歎異抄』の著者として知られている。唯円が開いた河和田の念仏道場は、報仏寺から数百メートル南の榎本（大字河和田町字榎本）にあった。現在、「道場池」と呼ばれている所である。周囲は田で、その中の小さい島に大きな記念碑が建っている。その西側の近くには塩街道が残っている。太平洋岸の塩や海産物を内陸部に運ぶ商人のために設けられた街道である。当時の街道の道幅は一間（約一・八メートル）ほどしかないが、まさにその幅の道が田と家々の間をぬって、現在も残っている。

このあたりは広い丘陵地帯である。唯円のころの「河和田」は、現在、桜川という川によって水戸市河和田町と水戸市河和田一丁目〜三丁目に分けられている。その周囲は広い田で、昔は桜川はもっと川幅が広く、周囲は沼地であったに違いない。つまり唯円が根拠地とした河和田地方には、農民もいれば猟師・漁師もおり、そして街道を行き交う商人たちもいたということである。唯円はそれらの人々と接する中で信仰を育て、『歎異抄』をまとめ上げたのである。

報仏寺本堂と「唯円大徳開基」碑

道場はやがて河和田のなかの竹ノ内に移され、泉渓寺と呼ばれるようになっていたが、江戸時代の初めに廃寺となった。それが水戸藩主徳川光圀《みつくに》（水戸黄門）の時に復活し、現在の所に移されて名称も報仏寺と改められたのである。

報仏寺の境内には、本堂の前に「唯円大徳開基」と大きく彫られた石碑が建っている。本堂の本尊は阿弥陀如来、台座の中の銘文によって、室町時代の制作と見られていた。しかし実は鎌倉時代の制作で、室町時代に修復され、その時に顔なども彫刻しなおされたらしい。また本堂に収納されている「平次郎身代わり名号」の伝承は興味深い。

唯円は、もとは北条平次郎という教養のない荒々しい武士で、悪業を重ねていた。彼の妻は信心深く、稲田の親鸞のもとに通っていた。しかし平次郎が念仏を嫌うので妻は困っていた。親鸞に相談すると、「夫を恨んではいけない、きっと分かってくれる日が来る。それまでこの名号を私だと思って念仏を称えなさい」と、「南無阿弥陀仏」の六文字を紙に書いてくれた。

平次郎の外出中、妻は親鸞が書いてくれた「南無阿弥

道場池記念碑

陀仏」に向かってこっそり念仏を称えていた。すると、ある時、平次郎が急に帰宅した。慌てた妻は急いで名号を巻いて懐の中に隠そうとしたが間に合わなかった。めざとくそれを見つけた平次郎は、それは他の男からのラブレターだと思い、かっとして妻を一刃のもとに切り殺してしまった。そして妻の死体を裏の竹やぶに埋めたのである。

ところが、家へ戻ってみると「お帰りなさい」と妻が何気ない様子で迎えたではないか。びっくりした平次郎は、いま「お前を切り殺して竹藪に埋めた」というけれども、妻は何のことかわからない。そこで二人で竹藪に行って掘り返してみると、死体はなく、紙の名号だけが出てきた。しかも、「南無」の下から「阿弥陀仏」の上にかけて斜めに紙が切れており、血までついていた。名号が妻の身代わりになったのである。

妻は「名号は何とありがたいことか」と泣いて喜び、平次郎も念仏の偉大さに気付き、今までの自分を心から悔い、二人で稲田の親鸞のもとを訪ねて、夫婦で熱心な信徒になった、というのである。その「平次郎身代わり名号」が報仏寺に保存されている。全体が黒くなっているが、懐中電灯で照らすと切れた跡らしい様子が判明する。

板敷山・大覚寺（茨城県石岡市）

大覚寺は茨城県石岡市大増にある。鉄道ならばJR水戸線福原駅が近いが、駅から四、五キロあり、バス等の便がない。二駅離れた笠間駅下車でタクシーということになる。自動車ならば北関東道の笠間西インターで降りて三キロ半の距離である。

　大覚寺は親鸞の門弟の明法が開基である。もと山伏弁円として知られた人物である。主に稲田で念仏布教を始めた親鸞には強く抵抗する人たちがいた。その代表的な、かつ歴史的資料で確認できる唯一の人物が、親鸞を殺そうと板敷山で待ち伏せをした弁円である。山伏とは、険しい山の中を歩き、滝に打たれ、木の実などを食べ、野宿するなどの苦行で呪術能力を高めようとした人たちのことである。修《しゅ》験者《げんじゃ》ともいう。修験者として修行をした山伏は、里に出て村人の願いに応え、治病・安産・虫追いなどを行った。

大覚寺本堂

　弁円は常陸大宮市東野の楢原《ならはら》に本拠があった。板敷山は大覚寺のすぐ西にあり、北方の楢原からは山伝いに四十キロ近くの距離にある。稲田はその間にある。両方とも弁円の勢力圏だったのであろう。その圏内で何やらおかしな活動をして、しかも人気が上がってきたらしい親鸞は、気になる存在だったのである。その気持ちが高まり、弁円は親鸞を危険人物として殺そうとした。

　親鸞は稲田から南方の常陸国府（石岡市国分）や、さらに南方の鹿島神宮へ行くことも多かったようである。その際には板敷山を通っていた。

　ところが、何度板敷山で待ち伏せをしても、弁円は親鸞に会うことができなかった。「これはおかしい、親鸞には何か特別のことがあるのだろうか」と不思議に思い、稲田に親鸞を訪ねてみようと決心をした。

　ところが、『親鸞伝絵』によれば「親鸞は何事もないように、ごく自然の顔と態度で出てきた。その顔を見た弁円は、親鸞を殺害しようという気持がたちまちのうちになくなってしまい、その上、後悔の涙があふれて止まらなかった」とある。そして親鸞の門弟となったという。

　初めて出会っただけで帰服するなんてあるはずがない、必ず信仰の問答もあったに違いないという意見もある。

山伏弁円懺悔の像

しかし親鸞の説くところを、弁円は前もって十分に調べておいたということもあり得る。最近では、弁円は山伏の教義に飽き足らず悩んでおり、親鸞に出会ったとたんに「この人こそ私の師匠だ」と感じたのではないかという説も出ている。

いずれにしても弁円改め明法は、以後熱心な念仏の行者になり、親鸞に大いに信用された。親鸞に先立って亡くなったが、そのことを悼《いた》み、また必ずや極楽往生したに違いない、東国の人々は明法を手本にしてほしいと記した親鸞の手紙が何通も残っている。

寺院には珍しい青瓦の大覚寺の本堂に入ると、奥の左側に「山伏弁円懺悔の像」が、その右には「親鸞聖人御満足の像」が安置されている。「山伏弁円懺悔《ざんげ》の像」は、弁円が親鸞を殺そうとしたことを懺悔し、後悔している姿である。椅子に座る姿で彫刻がなされている。懺悔が終わったような、穏やかな顔の表情である。「親鸞聖人御満足の像」は、弁円が念仏の行者になったことを喜ぶ、にこやかな、壮年期を思わせる親鸞の表情である。

板敷山から稲田の様子を描いた掛け軸も残っているが、蝋燭《ろうそく》の煤《すす》のためであろうか画面が黒くなってしまって人物などが見えにくい。弁円が持っていたと伝える法螺貝《ほらがい》もある。これは古そうであるけれども、十分に雄々しい音が出る。

なお、大覚寺が背負っている高い山は吾国山《わがくにさん》という。板敷山は左の方にある数段低い山である。

上河合・枕石寺《ちんせきじ》（茨城県常陸太田市）

枕石寺は茨城県常陸太田市上河合にある。鉄道ならば茨城県水戸市と福島県郡山市を結ぶJR水郡線河合駅下車、そこから一キロ弱である。自動車ならば常磐自動車道の那珂インターで降り、十キロほどで到着する。

枕石寺は、もと十キロ北の「枕石《まくらいし》」という地名のところにあった。そこから内田に移転し、さらに現在地に移ってきたという。枕石も内田も、現在の常陸太田市のうちである。上河合の枕石寺は、静かな農村の一角にある。すぐそばには山田川の高い堤防があり、昔は洪水の被害が大きかったであろうと思わせる。

枕石寺の開基は、親鸞の門弟の道円《どうえん》である。江戸時代の『遺徳法輪集《いとくほうりんしゅう》』によると、道円は近江国日野出身の日野左衛門尉《さえもんじょう》という武士で、この付近の大門という所に住んでいた。ある時、旅の僧が「泊めてほしい」と頼んできたが、左衛門尉は「自分は隠れ住んでいるので、旅の人は泊められません」と断った。その僧すなわち親鸞はやむなく門外に出て石を枕に一夜を明かそうとした。するとその夜の夢に、「あの僧はただ人ではない。阿弥陀如来である。早く家の中に入れてあげなさい」とあったので、驚いて親鸞を招き入れ、夜を徹して教えを受け、道円という法名をいただいて門弟となったというのである。

枕石寺の寺伝では、日野左衛門尉の実名は頼秋《よりあき》で、大門には訳があって流されてきていた。その人物は人間不信で、雪のその夜もやけ酒をあおっていた。そこへ親鸞と二人の弟子が宿を頼んできたが、「だめだ、雪で寒いから外にいられないというのは真の僧侶ではないだろう」と追い出してしまった。するとその夜に守り本尊にしていた観音菩薩が現れ、そのお告げによって石を枕に寝ていた親鸞一行を招き入れ、後悔して親鸞の門弟になったという。与えられた名は入西房《にゅうさいぼう》道円であった。

この話を戯曲『出家とその弟子』にしたのが倉田百三だった。大正五年（一九一六）、百三が二十六歳の時である。この戯曲は多感な青年のロマンもちりばめられていて、「愛」を中心のテーマにするなどキリスト教の色が濃い内容である。百三は仲のよかった姉を病気で失うなどの精神的遍歴の中で枕石寺の伝説に出会い、感激して戯曲に仕上げたのである。百三の家は浄土真宗寺院の檀家総代なので、親鸞の思想を理解していなかったということではない。

ただし、日野左衛門尉は『遺徳法輪集』から枕石寺伝を経て『出家とその弟子』に至るまで、しだいに嫌な悪い人間になっていくのが興味深い。『出家とその弟子』では、性格が曲がりくねった人物で、その日も借金の取り立てに行って返してもらえず、やけ酒をあおりながら妻にあたっていた、とある。ところが『遺徳法輪集』では少しも悪い人間には描かれていないのである。

入西その人は実在の人物だったようで、『親鸞伝絵』上巻第七段に「入西が長年、親鸞聖人の絵姿がほしいと願っていたら、聖人がそれと察して、「それなら定禅法橋《じょうぜんほっきょう》に描かせなさい」といって下さった、という話が載っている。京都で親鸞に仕えていたこともあったということであろう。

枕石寺本堂と親鸞聖人雪中枕石之聖蹟

枕石寺には、「親鸞聖人御枕石」「雪中枕石御真影」「枕石寺御絵伝」などが寺宝として伝えられている。「親鸞聖人御枕石」には、「大心海」という三文字が彫られている。枕にしては小さな石である。また境内の本堂前には、「親鸞聖人雪中枕石之聖蹟」と縦に彫り込んだ大きな石碑が建っている。

高田・専修寺《せんじゅじ》（栃木県真岡市）

専修寺は栃木県真岡《もおか》市高田にある。近年の市町村合併前までは、二宮町高田であった。この地域は江戸時代に二宮尊徳《にのみやそんとく》が財政立て直しに尽力したので、それに因む町名であった。鉄道ならば東北新幹線小山駅で水戸線に乗り換え、さらに下館《しもだて》駅から真岡鉄道に乗り換えて二駅目

高田専修寺総門

の久下田《くげた》駅下車、そこから数キロの所にある。久下田駅からバスの便などはなく、下館駅からタクシーで行くのが便利である。自動車ならば近年に全面開通した北関東道の真岡インターで降り、そこから八キロほどである。

高田のあたりは田と畑が交錯している。東には小貝川が流れ、その先には茨城県との境になる山々が交錯している。その山々は東北地方中央部の山塊が北から南に下ってきて、ここで最後に地面に沈み込むのである。その雄大な景色に対して建つ専修寺は、中世の日本社会に大勢力を張った高田門徒の本拠地である。現在では真宗高田派の「本寺」と尊称されている。同派の本山は三重県津市一身田《いしんでん》にある同名の専修寺である。それと区別するため、一身田の専修寺を「本山」、高田の方を「一身田専修寺」の「もと（本）の寺という意味で「本寺」と称しているのである。

専修寺は親鸞が五十三歳の時に稲田から来て建立したとされている。ただ実際は付近の大豪族大内氏の菩提寺《ぼだいじ》に滞在したのだ、という説もある。親鸞が来たころには善光寺如来の信仰が北関東に広まり始めていて、高田に建てられた如来堂に集まる人々が親鸞の信仰を伝えていったようである。実際、「専修寺」という名称が史料上で確認されるのは室町時代の十五世紀である。

専修寺の総門の脇を入ると広く境内が見渡せ、二階建ての山門がある。これは江戸時代の元禄年間の建築と推定されていて、六本の柱があるだけでほとんど吹き放しのようになっている。

山門をくぐると正面に如来堂《にょらいどう》がある。その中には、鎌倉時代制作の非常に優れた一光三尊の善光寺如来とその脇侍が安置されている。それは秘仏で、十七年に一度のご開帳の時以外は拝むことはできないが、平成二十六年

一光三尊像

御影堂

（二〇一四）三月がその稀な機会にあたっている。

　山門をくぐって右の方に御影堂《みえいどう》が建っている。内陣の厨子《ずし》には、本尊として「等身の御影」と呼ばれる親鸞坐像が安置されている。像高八十四センチ、額には何本もの深い皺《しわ》が刻まれ、眉を強く、口は

顕智坐像

真仏坐像

比較的小さく、帽子《もうす》（襟巻）をして、いわゆる「親鸞顔」の特色がよく示されている。目つきは鋭く、壮年期の迫力を感じさせる。

本尊の右奥には真仏坐像が、左奥には顕智坐像が安置されている。真仏坐像は像高七十五・五センチ、顔の輪郭は四角で、しっかりした顎《あご》を持っている。しかし目つきは穏やかで、いまにもやさしく語りだしそうな口元をしている。温厚な人物であったことを思わせる。顕智坐像もほぼ同じ像高であるが、こちらは対照的にやや神経質そうな目と、果断な性格を示す細い顎を持っている。いずれの像も鎌倉時代に制作された傑作で、近年、国の重要文化財に指定された。

御廟・専修寺歴代上人墓碑

如来堂の奥の林の中に入り、静かな池などを見ながら左に折れて墓地を通って行くと、御廟がある。親鸞以下、専修寺歴代上人の墓碑が並んでいる。五輪塔ではなく、美術史でいうところの笠塔婆《かさとうば》という六角に刻んだ墓碑である。平成二十三年三月十一日の東日本大震災でこの御廟もかなり被害を受けたが、現在では修復されている。

花見が岡・蓮華寺《れんげじ》（栃木県下野市《しもつけ》）

蓮華寺は栃木県下野市国分寺町花見ヶ岡にある。鉄道ならば東北本線小金井駅で下車する。そこから九キロほどあるので、タクシーで行くことになる。自動車ならば東北道の「栃木インター」あるいは北関東道の「都賀インター」で降りていずれも四、五キロの距離である。

蓮華寺は栃木県中央部の大河のひとつである思川《おもいがわ》にほど近い。思川を西に越えれば栃木市である。ここにはかつて、下野国府が存在した。その関係の神社や国分寺

（下野市）もあった。親鸞もこれらの付近を歩いたことが『親鸞伝絵』によってうかがうことができる。

蓮華寺には興味深い話が伝えられている。親鸞が大蛇を救ったという話で、それは次のような内容である。

昔この付近に河合兵部《かわいひょうぶ》という領主がいた。その妻は、夫兵部が女性を囲って自分を疎《うと》んじるのに強く嫉妬した。そのあまり、頭には二本の角が生え、口は耳まで裂け、身には鱗が逆さに生えるという恐ろしい姿になってしまった。そして夫と相手の女性を食い殺し、深い淵に潜んで大蛇となり、世の中に女性というものがいるから嫉妬も起きるのだ、それをなくすために女性を全員殺してやると、村人に毒気を吹きかけて食い殺すようになったのである。特に毎年九月一日には若い女性一人を生贄《いけにえ》に差し出させて食っていた。

建保三年（一二一五）、近くの神社の神主である大沢掃部正友宗《かもんのかみともむね》の一人娘が、籤《くじ》で生贄になることが決まった。本人はもちろん、友宗は大変困り、折から通りかかった親鸞に助けを求めた。話を聞いた親鸞は、「生贄になったのはそなたの前世の業がつたないのでやむをえない。しかし念仏を称えれば阿弥陀仏の力によって来世の極楽往生は疑いない」と諭した。

親鸞聖人大蛇済度の池

娘は泣きながらも、「極楽浄土に生まれることはうれしい」と覚悟を決め、両親に別れを告げて生贄の壇にのぼった。その夜、大暴風雨の中で淵から現れた大蛇は娘を一口に飲もうとしたが、娘の称える念仏に打たれて水底に沈んでしまったのである。

命拾いした娘は家に帰ることができ、出家して親鸞から念妙という法名をもらったという。

話はここで終わりではない。親鸞は大蛇となった川合兵部の妻を哀れに思い、阿弥陀仏の救いを説く浄土三部経（無量寿経・観無量寿経・阿弥陀経）の全文字二万数千字余りを、一字ずつ小石に書き込んで淵に投げ込んだ。そして浄土三部経を七日七晩読んだところ、大蛇は兵部の妻の姿に戻り、極楽往生することができたという。

この時に空から蓮華が降った。そこで親鸞は付近を花見ヶ岡と名づけたという。また大蛇が潜んでいた淵は親鸞池と呼ばれるようになった。蓮華寺の裏手は低湿地になっていて、夏には水が貯まって池のようになる。そこに「親鸞聖人大蛇済度の池」と彫られた石碑が建っている。昔はここまで思川が来ていた。そこで親鸞池は思川の淵にあったといういい方もあったのである。さらにまた、蓮華寺の裏手の田の中には「親鸞聖人お手植えの桜」もある。

親鸞の大蛇済度については、小山市飯塚の紫雲寺、宇都宮市材木町の安養寺なども同様の話を伝えている。昔は大きな川が氾濫して困ることが多かった。人が死ぬこともあった。そこで人々はうねる大河を大蛇にたとえ、その大蛇を何とか鎮めてほしいと親鸞に願ったということなのである。

結城《ゆうき》・称名寺《しょうみょうじ》（茨城県結城市）

称名寺は茨城県結城市結城にある。鉄道ならば水戸線結城駅下車、北の方向に数百メートルである。東北本線小山駅下車、タクシーで七キロほどという距離でもある。自動車ならば東北道を「佐野藤岡インター」で降りて国道五十号線を東へ三十キロ、あるいは北関東道を「桜川西インター」で降りて同じく国道五十号線を今度は西へ三十キロという位置にある。

称名寺はJRの駅からほど近いけれども、長い間城下の寺の多い地域であったということもあり、静かな環境の中にある。山門は寛永三年（一六二六）に第二十世信覚が京都から称名寺に住職として入った時、二条家からいただいたものとされている。

称名寺の開基は親鸞の門弟の真仏である。高田の専修寺の開基真仏と同一人物である。称名寺の開設を助けたのは、結城地方の領主である結城朝光《ともみつ》という。朝光は結城市の西どなり、栃木県（下野国）小山《おやま》を本拠とする大

称名寺本堂

豪族小山政光《まさみつ》の息子である。朝光の母寒河尼《さむかわに》は鎌倉幕府の創立者源頼朝の乳母《めのと》である。朝光はその縁で頼朝に仕え、大いに信任された。名前の一字（「朝」）も頼朝から貰《もら》っている。なお、結城市はもと下総国に属していた。

　結城朝光は、建保二年（一二一四）、親鸞が関東へ来た年に教えを受けてその門弟となり、嘉禄元年（一二二五）に真仏を招いて称名寺を開いたとされる。嘉禄元年は、親鸞五十三歳、高田地方に念仏布教に入った年である。

　称名寺は、もと北東の方角に一・五キロほど離れた結城城の前にあったが、江戸時代の元禄元年（一六八八）に現在地に移された。この称名寺の寺号は、朝光の戒名である称名寺殿日阿弥陀仏に基づいているという。称名寺の本堂の脇には、立派な層塔で構成される朝光の墓所がある。

　以上のような由来から、称名寺には真仏坐像と結城朝光画像とが安置されている。真仏坐像は近年に修復が加えられた。また真仏には息子の信証と娘婿の顕智があり、信証は結城朝光の娘と結婚したと伝えられている。信証と朝光とは関わりが深かったということである。

　しかし信証と顕智の二人は、必ずしも仲がよくなかったらしい。そのためか顕智は高田の専修寺を継ぎ、信証は結城の称名寺を継いだ。そして二人は真仏坐像をめぐって争い、顕智は胴体を、信証は首をと分けて所有したという。称名寺の真仏坐像は新たに体の部分を制作して首の部分と合わせたことになる。そのため、この坐像は「御首真仏像」とも称してきた。

　称名寺は、現在は浄土真宗本願寺派に所属しているけれども、もともとは高田門徒の一員であったということである。この寺の院号が「高田院」であることも、それを物語っている。

　また本堂の脇壇には、真仏坐像とともに「恵信禅尼（玉日姫）木像」も安置されている。玉日姫は摂政から関白に昇った九条兼実の娘で、親鸞の妻となった女性とされてきた人物であるが、実際は伝説上の女性であるが、結城

恵信禅尼木像

城の址の北西の所には、玉日廟と称する玉日姫の墓所があり、きれいに整備されている。なお、笠間市にも玉日廟がある。こちらは西念寺から二キロほど離れた丘の上に、西念寺と向かい合うように建てられている。親鸞の妻玉日姫は常陸国で亡くなったとされてきたということである。

【参考文献】

本文中の明記は原文・原典を引用したものに限り、著書・雑誌などで公開され定説・通説として供用されているものは原則として掲出していない。ここでも主に一般読者を対象に、最小限の提示にとどめた。

宮崎円遵『親鸞とその門弟』（永田文昌堂、一九四九年）
家永三郎『中世仏教思想史研究』（法蔵館、一九四七年）
笠原一男『親鸞と東国農民』（山川出版社、一九五七年）
赤松俊秀『鎌倉仏教の研究』（平楽寺書店、一九五七年）
松野純孝『親鸞─その生涯と思想の展開過程─』（三省堂、一九五九年）
赤松俊秀『親鸞』（吉川弘文館、一九六一年）
井上鋭夫『本願寺』（至文堂、一九六二年）
宮崎円遵『初期真宗の研究』（永田文昌堂、一九七一年）
重松明久『中世真宗思想の研究』（吉川弘文館、一九七三年）
高木　豊『親鸞』（平凡社、一九八〇年）
石田瑞麿『苦悩の親鸞』（有斐閣、一九八一年）
千葉乗隆・細川行信編『親鸞』（「日本名僧論集」第七巻、吉川弘文館、一九八三年）
千葉乗隆・幡谷明『親鸞聖人と真宗』（「日本仏教宗史論集」第六巻、吉川弘文館、一九八五年）
谷下一夢『増補真宗史の諸研究』（同朋舎出版、一九七七年）
細川行信『真宗成立史の研究』（法蔵館、一九七七年）
平松令三『親鸞』（吉川弘文館、一九九八年）
今井雅晴『親鸞と東国門徒』（吉川弘文館、一九九九年）
平　雅行『親鸞とその時代』（法蔵館、二〇〇一年）
今井雅晴『親鸞の家族と門弟』（法蔵館、二〇〇二年）
今井雅晴『親鸞と浄土真宗』（吉川弘文館、二〇〇三年）
草野顕之編『信の念仏者　親鸞』（「日本の名僧」❽、吉川弘文館、二〇〇四年）
平松令三『親鸞の生涯と思想』（吉川弘文館、二〇〇五年）

今井雅晴『わが心の歎異抄』（東本願寺出版部、二〇〇七年）
寺川俊昭『親鸞讃歌』（東本願寺出版部、二〇〇八年）
今井雅晴『茨城と親鸞』（茨城新聞社、二〇〇八年）
今井雅晴監修『親鸞の風景』（茨城新聞社、二〇〇九年）
茨城県立歴史館編『親鸞―茨城滞在二十年の軌跡―』（茨城県立歴史館、二〇一〇年）
平　雅行『歴史の中に観る親鸞』（法蔵館、二〇一一年）
今井雅晴『親鸞聖人　稲田草庵』（「歴史を知り、親鸞を知る」❹、自照社出版、二〇一一年）
今井雅晴『親鸞をめぐる人びと』（自照社出版、二〇一二年）
今井雅晴『下野と親鸞』（自照社出版、二〇一二年）
茨城県史編集委員会監修『茨城県史』中世編（茨城県、一九八六年）
筑波町史編纂専門委員会編集『筑波町史』上巻（つくば市、一九八九年）
阿部昭・永村眞編『図説栃木県の歴史』（河出書房新社、一九九三年）
鉾田町史編さん委員会・今井雅晴編『拾遺古徳伝絵』（鉾田町、一九九四年）
所理喜夫・佐久間好雄・網野善彦・佐々木銀弥編『図説茨城県の歴史』（河出書房新社、一九九五年）
笠間町史編さん委員会編集『笠間町史』上巻（笠間町、一九九五年）
二宮町史編さん委員会編集『二宮町史』通史編Ⅰ　古代中世（二宮町、二〇〇八年）

親鸞略年表

和暦	西暦	年齢	事跡
承安 三	一一七三	一	中下級貴族日野有範の子として誕生。
養和 元	一一八一	九	出家。範宴少納言公と名乗り、延暦寺で修行を始める。
寿永 元	一一八二	十	恵信尼、三好為教の子として誕生。
文治 二	一一八六	十四	延暦寺僧顕真の招きで法然が念仏の重要さを説く（大原問答）。
建仁 元	一二〇一	二十九	六角堂に参籠。 法然に入門。恵信尼と出会う。
元久 元	一二〇四	三十二	延暦寺僧ら、念仏停止を訴える。法然、七箇条制戒を作り門弟たちに署名させる。
元久 二	一二〇五	三十三	法然から『選択本願念仏集』書写を許される。 興福寺僧ら、念仏停止を訴える。
建永 元	一二〇六	三十四	法然の門弟が朝廷女官と不祥事を起こす。
承元 元	一二〇七	三十五	後鳥羽院により門弟四人を死罪、法然以下八人を流罪とされる（承元の法難）。 配流先の越後に向かう。
建暦 元	一二一一	三十九	流罪を許される。
建暦 二	一二一二	四十	法然寂、八十歳。
建保 二	一二一四	四十二	東国に移住。常陸国笠間郡稲田の稲田草庵に住む（のちの西念寺）。

			上野国佐貫で浄土三部経の千回読誦を始め、中止。
元仁 元	一二二四	五十二	浄土三部経の千回読誦を始め、中止。 原『教行信証』を著す。以後宝治元年（一二四七）まで増補を続ける。
貞永 元	一二三二	六十	『唯信鈔』を書写。以後、たびたび書写する。
嘉禎 元	一二三五	六十三	このころ、家族と離れ帰京。
宝治 二	一二四八	七十六	善鸞の長男如信誕生。
建長 二	一二五〇	七十八	『浄土和讃』・『高僧和讃』を著す。
建長 四	一二五二	八十	『唯信鈔文意』を著す。
建長 七	一二五五	八十三	常陸の門弟に書状を送る。 火災に遭う。
康元 元	一二五六	八十四	笠間の門弟に書状を送る。
正嘉 元	一二五七	八十五	『一念多念文意』を著す。 『正像末浄土和讃』を著す。
正嘉 二	一二五八	八十六	門弟性信、真仏に書状を送る。
弘長 二	一二六二	九十	顕智に自然法爾を語る。 入滅。
文永 九	一二七二		没後十年、親鸞廟堂建立。

著者略歴

一九四二年　東京都に生まれる
一九七七年　東京教育大学大学院博士課程修了
現在　筑波大学名誉教授、真宗文化センター所長、
　文学博士

〔主要著書〕
『鎌倉新仏教の研究』（吉川弘文館、一九九一年）
『親鸞と東国門徒』（吉川弘文館、一九九九年）
『親鸞と浄土真宗』（吉川弘文館、二〇〇三年）
『親鸞と如信』（自照社出版、二〇〇八年）
『親鸞の風景』（監修、茨城新聞社、二〇〇九年）
『現代語訳　恵信尼からの手紙』（法蔵館、二〇一二年）

人《ひと》をあるく

人をあるく
親鸞と東国

二〇一三年（平成二五）十一月一日　第一刷発行

著　者　今《いま》井《い》雅《まさ》晴《はる》
発行者　前田求恭
発行所　株式会社　吉川弘文館
郵便番号一一三―〇〇三三
東京都文京区本郷七丁目二番八号
電話〇三―三八一三―九一五一〈代表〉
振替口座〇〇一〇〇―五―二四四
組版　有限会社ハッシィ
印刷　藤原印刷株式会社
製本　ナショナル製本協同組合
装幀　有限会社ハッシィ

ISBN978-4-642-06771-3